"十四五"职业教育国家规划教材

汽车构造（下册）
——底盘构造

主　编　李春明　焦传君

副主编　孙雪梅　王翼飞

全书配套电子资源

北京理工大学出版社
BEIJING INSTITUTE OF TECHNOLOGY PRESS

内 容 简 介

本书按照教育部高等职业教育汽车类专业标准要求编写,坚持"教师教学以学生为中心,学生学习以服务客户为中心"的理念,打破传统教材的知识主线,按照职业能力主线重构教学内容,能够很好地满足项目引领、任务驱动的教学方式、方法改革。本书内容突出汽车新技术、新结构,包括汽车基本知识、发动机曲柄连杆机构工作过程分析、发动机配气机构工作过程分析、汽油机燃料供给系工作过程分析、柴油机燃料供给系工作过程分析、发动机冷却系与润滑系工作过程分析、发动机点火系与起动系工作过程分析等内容。

本书适合高等院校、高职院校汽车检测与维修技术、汽车制造与试验技术、汽车技术服务与营销等相关专业使用,也可以作为成人高等教育、汽车技术培训等相关课程的教材使用。

版权专有　侵权必究

图书在版编目(CIP)数据

汽车构造. 下册,底盘构造 / 李春明,焦传君主编
. －－北京:北京理工大学出版社,2021.11(2024.8重印)
ISBN 978－7－5763－0631－6

Ⅰ. ①汽… Ⅱ. ①李… ②焦… Ⅲ. ①汽车－构造－
高等职业教育－教材②汽车－底盘－结构－高等职业教育
－教材 Ⅳ. ①U463

中国版本图书馆 CIP 数据核字(2021)第 222381 号

责任编辑 / 王玲玲　　**文案编辑** / 王玲玲
责任校对 / 刘亚男　　**责任印制** / 李志强

出版发行 / 北京理工大学出版社有限责任公司
社　　址 / 北京市丰台区四合庄路6号
邮　　编 / 100070
电　　话 / (010)68914026(教材售后服务热线)
　　　　　　(010)68944437(课件资源服务热线)
网　　址 / http://www.bitpress.com.cn
版 印 次 / 2024年8月第1版第4次印刷
印　　刷 / 唐山富达印务有限公司
开　　本 / 787 mm×1092 mm　1/16
印　　张 / 10
字　　数 / 266 千字
定　　价 / 49.80 元

图书出现印装质量问题,请拨打售后服务热线,负责调换

前言

Preface

汽车构造是汽车检测与维修技术、汽车制造与试验技术、汽车技术服务与营销等专业的专业核心课，该课程在汽车类相关专业中的地位不言而喻，在推进"三教改革"中发挥着不可替代的作用。我们通过长期探索与实践，对该课程进行了大胆的改革，建立起"教师教学以服务学生为中心，学生学习以服务客户为中心"的服务理念，引入绿色环保意识和永续发展理念，多种方式弘扬工匠精神，宣传民族汽车品牌文化，取得了显著成效。

本书贯彻落实党的二十大精神，按照教育部高等职业教育汽车类专业标准要求编写，打破了传统教材的学科知识主线，按照职业能力培养主线，结合"1+X"职业技能等级标准，搭建起由整车到主要总成系统的知识应用架构。本书内容突出汽车新技术、新结构，教学方式、方法开放灵活，具有鲜明的职业教育特征。全书（上、下册）共包括介绍汽车基本知识、发动机曲柄连杆机构工作过程分析、发动机配气机构工作过程分析、汽油机燃料供给系工作过程分析、柴油机燃料供给系工作过程分析、发动机冷却系与润滑系工作过程分析、发动机点火系与起动系工作过程分析、传动系工作过程分析、行驶系工作过程分析、转向系工作过程分析、制动系工作过程分析、介绍新能源汽车12个项目。

本书特点可以概括为：

（1）项目引领任务驱动。以典型工作任务为载体组织教学，结合"1+X"职业技能等级标准，将各系统的结构、工作原理等内容融为一体，理论与实践紧密结合，为培养"手脑"结合型的高等职业教育人才培养目标服务。

（2）内容先进。本书包括汽油机缸内直喷技术、新能源汽车等内容，并将汽车市场的主导车型，如奥迪、丰田等轿车的新技术适度地融入进来。

（3）融入职业素养。注重安全意识、绿色环保意识、法规意识，强化学生养成。并依托任务将服务理念、精益求精的职业精神融入教材内容。

（4）挖掘思政元素。以视频、思考题等方式宣传时代楷模事迹和民族汽车品牌文化，弘扬工匠精神，增强民族自信与文化自信。

（5）本书配套资源丰富。实现了"互联网+新形态教材"，配有电子课件、自测试题、微课视频等。

本书适合高等院校、高职院校汽车检测与维修技术、汽车制造与试验技术、汽车技术服务与营销等相关专业使用，也可以作为成人高等教育、汽车技术培训等相关课程的教材使用。

本书由长期从事汽车专业教学的教师与具有丰富实践经验的企业技术人员共同编写。编写组成员有李春明、焦传君、孙雪梅、王翼飞、赵宇、郭其涛、何英俊、佟得利、王亮。全书由李春明、焦传君主编，孙雪梅、王翼飞副主编。

由于编者水平有限，加之编写时间仓促，书中不妥之处难免，恳请读者提出宝贵意见。

编　者

目录 Contents

项目八 ▶ 传动系工作过程分析 ··················· 1
  任务 8-1　分析手动变速传动工作过程 ··················· 1
  任务 8-2　分析自动变速传动工作过程 ··················· 40

项目九 ▶ 行驶系工作过程分析 ··················· 52
  任务 9-1　分析车桥的结构 ··················· 52
  任务 9-2　分析车轮与轮胎的结构 ··················· 63
  任务 9-3　分析悬架的结构与工作过程 ··················· 71

项目十 ▶ 转向系工作过程分析 ··················· 87
  任务 10-1　分析机械转向系工作过程 ··················· 87
  任务 10-2　分析动力转向系工作过程 ··················· 94

项目十一 ▶ 制动系工作过程分析 ··················· 101
  任务 11-1　分析液压制动系工作过程 ··················· 101
  任务 11-2　分析气压制动系工作过程 ··················· 113
  任务 11-3　分析制动防滑与稳定控制系统工作过程 ··················· 124
  知识拓展：电子驻车制动系统 ··················· 134

项目十二 ▶ 介绍新能源汽车 …………………………………………………… 136

　　任务 12-1　介绍纯电动汽车 ……………………………………………… 136
　　知识拓展：燃料电池汽车 ………………………………………………… 142
　　任务 12-2　介绍混合动力汽车 …………………………………………… 144

项目八

传动系工作过程分析

传动系是汽车底盘的重要组成部分，其功用是将发动机产生的动力传递到驱动车轮。传动系分为手动变速传动和自动变速传动。本项目包括分析手动变速传动工作过程和分析自动变速传动工作过程两个任务。

任务 8-1　分析手动变速传动工作过程

 学习内容

1. 离合器的组成与工作过程；
2. 手动变速器的组成与工作过程；
3. 万向传动装置的组成与工作过程；
4. 驱动桥的组成与工作过程。

 能力要求

1. 能够向客户在实际车辆上讲解离合器的工作过程、各部件的构造；
2. 能够向客户在实际车辆上讲解手动变速器的工作过程、各部件的构造；
3. 能够向客户在实际车辆上讲解万向传动装置的组成与工作过程；
4. 能够向客户在实际车辆上讲解驱动桥的组成与工作过程；
5. 具有与客户沟通交流的能力；
6. 具备信息搜集和处理的能力。

任务引入

通过项目一的学习,我们知道传动系是汽车底盘的重要组成部分,它是从发动机到驱动轮之间的所有动力传递装置的总称。传动系分为手动变速传动和自动变速传动。手动变速传动的主要装置是离合器、手动变速器、万向传动装置、驱动桥。你是否能够做到通过向客户讲解手动变速器车辆的动力传递工作过程来提升客户对汽车的使用和操作水平呢?

任务描述

手动变速的车辆相对自动变速的车辆而言操作起来复杂,操作过程中需要不断手动换挡来完成变速行驶。请你就某一手动挡型号车辆绘制一个该车从发动机到驱动轮的动力传递路线图,并讲解各装置的结构与工作过程,在学习小组或班级里进行交流汇报。

相关知识

汽车传动系是指从发动机到驱动轮之间的所有动力传递装置的总称。基本功用是将发动机发出的动力传给驱动车轮,使汽车以一定速度行驶。它具有减速与变速、实现倒车、中断动力传动、实现驱动车轮差速等功能。手动变速传动系主要包括离合器、手动变速器、万向传动装置、驱动桥。

一、离合器的组成

(一)离合器的功用与分类

1. 功用

离合器由驾驶员操作,根据需要随时切断和接通发动机传给变速器的动力,从而保证了汽车的平稳起步、换挡平顺,同时还可以通过离合器自动打滑来防止传动系过载。

离合器是手动变速汽车传动系中直接与发动机相连接的部件。离合器的具体结构,首先应在保证传递发动机最大转矩的前提下,满足两个基本性能要求:分离彻底、接合柔和。其次,离合器从动部分的转动惯量要尽可能小,还要求离合器散热良好。

2. 分类

离合器可分为摩擦式离合器、液力偶合器和电磁离合器。目前汽车上广泛使用的是摩擦式离合器。摩擦式离合器按摩擦片数目,可分为单片离合器、双片离合器和多片离合器;按压紧弹簧的安装位置和结构不同,可分为周布弹簧离合器、中央弹簧离合器和膜片弹簧离合器。由于膜片弹簧离合器各方面性能优势明显,被广泛应用。

(二)膜片弹簧离合器

1. 膜片弹簧离合器的结构

膜片弹簧离合器的基本结构如图 8-1 所示。

图 8-1 膜片弹簧离合器基本结构

膜片弹簧离合器由主动部分、从动部分、压紧机构和操纵机构组成，如图8-2～图8-4所示。

图8-2 膜片弹簧离合器的结构

图8-3 膜片弹簧离合器盖和压盘分解图

（1）主动部分

主动部分由飞轮、离合器盖和压盘组成。离合器盖通过螺栓固定在飞轮上，为了保持安装位置正确，离合器盖通过定位销进行定位。压盘与离合器盖之间通过周向均匀的三组或四

1—铆钉；2—传动片；3—支承环；4—膜片弹簧；5—支承铆钉；6—压盘；7—离合器盖。

图 8-4　膜片弹簧离合器盖和压盘示意图

组传动片来传递转矩。传动片用弹簧钢片制成，每组两片，一端用铆钉铆在离合器盖上，另一端用螺钉连接在压盘上。

（2）从动部分

包括从动盘和从动轴，从动盘一般都带有扭转减震器。发动机传到传动系的转速和转矩是周期性变化的，它使传动系产生扭转振动，这将使传动系的零部件受到冲击性交变载荷，使寿命下降、零件损坏。采用扭转减震器可以有效地防止传动系的扭转振动。带扭转减震器的从动盘的结构和原理如图 8-5 所示。

1、3—摩擦衬片；2—波浪形弹簧钢片；4—从动盘钢片；5—减振弹簧；6—摩擦片；
7—从动盘毂；8—止动销；9—衬套；10—减震器盘。

图 8-5　带扭转减震器的从动盘

（a）不工作时；（b）工作时

从动盘钢片外圆周铆接波浪形弹簧钢片，摩擦衬片分别铆接在弹簧钢片上，从动盘钢片与减震器盘铆接在一起，这两者之间夹有摩擦垫圈和从动盘毂。从动盘毂、从动盘钢片和减震器盘上都有沿圆周均布的六个窗孔，减振弹簧装在窗孔中。

当从动盘受到转矩作用时，转矩从摩擦衬片传到从动盘钢片，再经减振弹簧传给从动盘毂，此时弹簧将被压缩，吸收发动机传来的扭转振动。

（3）压紧机构

压紧机构是膜片弹簧，其径向开有若干切槽，形成弹性杠杆。切槽末端有圆孔，固定铆钉穿过圆孔，并固定在离合器盖上。膜片弹簧两侧装有钢丝支承环，这两个钢丝支承环是膜片弹簧工作时的支点。膜片弹簧的外线通过分离钩与压盘联系起来。

膜片弹簧用优质钢板制成，其形状如图 8-6 所示，其上开有若干个径向切槽，切槽的内端开通，外端为圆孔，在每两切槽之间，钢板形成一个弹性杠杆，称为分离指。膜片弹簧既是压紧弹簧，又是分离杠杆。

图 8-6　膜片弹簧

（4）操纵机构

操纵机构由离合器踏板、分离拉杆、调节叉、分离叉、分离套筒、分离轴承、分离杠杆、回位弹簧等组成。

当离合器处于正常接合状态时，分离轴承与分离杠杆之间应留有一定量的间隙，防止从动盘摩擦片磨损变薄时，离合器接合不彻底。因此，为消除这一间隙所需的离合器踏板行程称为离合器踏板自由行程。

2. 工作原理

膜片弹簧离合器的工作原理如图 8-7 所示。当离合器盖通过螺栓固定在飞轮上时，膜片弹簧在支承环处受压产生弹性变形，此时膜片弹簧的外圆周对压盘产生压紧力，使离合器处于接合状态，如图 8-7（a）所示。当踩下离合器踏板时，分离轴承推动膜片弹簧，使膜片弹簧以支承环为支点，其外圆周向后翘起，通过分离钩拉动压盘后移，使离合器分离，如图 8-7（b）所示。

从上面的介绍中可以看出，膜片弹簧既是压紧弹簧，又是分离杠杆，使结构简化了。另外，膜片弹簧的弹簧特性优于圆柱螺旋弹簧，所以膜片弹簧离合器的应用越来越广泛，在各种车型上都有应用。

图 8-7 膜片弹簧离合器的工作原理
(a) 离合器接合状态；(b) 离合器分离状态

（三）离合器操纵机构

按照分离离合器时所需操纵能源的不同，离合器操纵机构分为人力式和助力式。人力式又可以分为机械式和液压式的；助力式又可以分为气压助力式和弹簧助力式。人力式操纵机构是以驾驶员作用在踏板上的力作为唯一的操纵能源。助力式操纵机构除了驾驶员的力以外，一般主要以其他形式的能源作为操纵能源。

下面重点介绍在轿车中应用较多的机械式操纵机构、液压式操纵机构。

1. 机械式操纵机构

机械式操纵机构有杆系传动和绳索传动两种形式。

杆系传动机构如图 8-8 所示。其结构简单，工作可靠，广泛应用于各型汽车上。

图 8-8 杆系传动机构

绳索传动机构如图 8-9 所示。它可消除杆系传动机构的一些缺点，并能采用便于驾驶员操纵的吊挂式踏板。但绳索寿命较短，拉伸刚度较小，故只适用于轻型、微型汽车和轿车。例如桑塔纳、捷达轿车离合器的操纵机构中就采用了绳索传动机构。

图 8-9 绳索传动机构

2. 液压式操纵机构

液压式操纵机构的示意图如图 8-10 所示,它主要由主缸、工作缸和管路系统等组成。液压式操纵机构在各类型汽车上应用广泛。

图 8-10 液压式操纵机构示意

图 8-11 所示是桑塔纳 2000 轿车离合器液压式操纵机构。其主要由离合器踏板、储液罐、离合器主缸、离合器工作缸、油管总成、分离板、分离轴承等组成。

储液罐有两个出油孔,分别把制动液供给制动主缸和离合器主缸。

二、手动变速器的组成

(一) 变速器的主要功用

变速器的主要功用是:

①改变传动比,在较大的范围内改变汽车的行驶速度和汽车驱动轮上转矩的数值,以

图 8-11 桑塔纳 2000 轿车离合器液压式操纵系统

适应经常变化的行驶条件，同时使发动机在有利的（功率较高而耗油率较低）工况下工作。

②在发动机旋转方向不变的前提下，利用倒挡实现汽车倒向行驶。

③在发动机不熄火的情况下，利用空挡中断动力传递，可以使驾驶员松开离合器踏板离开驾驶位置，并且便于汽车起动、急速、换挡和动力输出。

（二）变速器的种类

按传动比变化方式的不同，变速器可分为有级式、无级式和综合式三种。

按操纵方式不同，变速器还可分为强制操纵式变速器、自动操纵式变速器和半自动操纵式变速器三种。

按变速器操纵方式，可分为手动变速器、自动变速器和手动自动一体变速器三种。

（1）手动变速器

手动变速器（Manual Transmission，MT）是通过驾驶员用手操纵变速杆来选定挡位，并直接操纵变速器的换挡机构进行挡位变换。齿轮式有级变速器大多数采用这种换挡方式。

（2）自动变速器

自动变速器（Automatic Transmission，AT）的自动控制系统根据发动机的负荷和车速的变化情况自动地选定挡位，并进行挡位变换，即自动地改变传动比。驾驶员只需要操纵加速踏板即可控制车速。

（3）手动自动一体变速器

这种变速器可以自动换挡，也可以手动换挡，比较典型的如奥迪 A6 轿车，上海帕萨特 1.8T 轿车也装有手动自动一体变速器。

（三）普通齿轮传动的基本原理

手动变速器包括变速传动机构和操纵机构两大部分。变速传动机构的主要作用是改变转速和转矩的大小、方向；操纵机构的作用是实现换挡。

现代汽车手动变速器的变速传动机构应用的是普通齿轮变速原理，利用不同齿数的齿轮啮合传动来实现转矩和转速的改变。

齿轮传动的基本原理如图 8-12 所示。一对齿数不同的齿轮啮合传动时，可以实现变速，而且两齿轮的转速比与其齿数成反比。设主动齿轮转速为 n_1，齿数为 z_1，从动齿轮转速为 n_2，齿数为 z_2。主动齿轮（即输入轴）转速与从动齿轮（即输出轴）转速之比称为传动比，用字母 i_{12} 表示。

即由 1 传到 2 的传动比

$$i_{12} = n_1/n_2 = z_2/z_1$$

如图 8-12（a）所示，当小齿轮为主动齿轮带动大齿轮转动时，输出转速降低，即 $n_2 < n_1$，称为减速传动，此时传动比 $i > 1$；如图 8-12（b）所示，当大齿轮驱动小齿轮时，输出转速升高，即 $n_2 > n_1$，称为增速传动，此时传动比 $i < 1$。汽车变速器就是根据这一原理利用若干大小不同的齿轮副传动而实现变速的。

图 8-12　齿轮传动的基本原理
（a）减速传动；（b）增速传动

多级齿轮传动的传动比为

$i = $ 所有从动齿轮齿数的乘积／所有主动齿轮齿数的乘积 = 各级齿轮传动比的乘积

对于变速器，各挡的传动比 i 就是变速器输入轴转速与输出轴转速之比，即

$$i = n_{输入}/n_{输出} = T_{输出}/T_{输入}$$

当 $i > 1$ 时，$n_{输出} < n_{输入}$，$T_{输出} > T_{输入}$，此时实现降速增矩，为变速器的低挡位，并且 i 越大，挡位越低；当 $i = 1$ 时，$n_{输出} = n_{输入}$，$T_{输出} = T_{输入}$，为变速器的直接挡；当 $i < 1$ 时，$n_{输出} > n_{输入}$，$T_{输出} < T_{输入}$，此时实现升速降矩，为变速器的超速挡。

(四）变速器的变速传动机构

变速传动机构是变速器的主体，按工作轴的数量（不包括倒挡轴），可分为二轴式变速器和三轴式变速器。这里主要介绍二轴式变速器。

二轴式变速器用于发动机前置前轮驱动的汽车，一般与驱动桥（前桥）合称为手动变速驱动桥。前置发动机有横向布置和纵向布置两种形式，与其配用的二轴式变速器也有两种不同的结构形式。发动机横置时，主减速器采用一对圆柱齿轮，如图 8-13 所示。发动机纵置时，主减速器为一对圆锥齿轮，如图 8-14 所示。

1—变速器；2—离合器；3—发动机；4—带等角速万向节的半轴；5—差速器；6—主减速器。

图 8-13 发动机横置的二轴式变速器传动示意

图 8-14 发动机纵置的二轴式变速器传动示意

1. 发动机横向布置的二轴式变速器

（1）结构

发动机横向布置的捷达轿车二轴式变速器结构如图 8-15 所示。所有前进挡齿轮和倒挡齿轮都采用常啮合斜齿轮，并采用锁环式同步器换挡。

图 8-15 发动机横向布置的二轴式变速器结构

（2）动力传动路线

①一挡。

如图 8-16 所示，一、二挡同步器使一挡齿轮与主减速器主动齿轮轴接合，将变速齿轮锁定到主减速器主动齿轮轴上。输入轴齿轮的一挡主动齿轮顺时针转动，逆时针地驱动一挡从动齿轮和主减速器主动齿轮轴，顺时针地驱动主减速器从动齿轮。

动力→输入轴→输入轴一挡齿轮→输出轴一挡齿轮→一、二挡同步器→输出轴

图 8-16 一挡动力传动路线

②二挡。

从一挡向二挡换挡时，一、二挡同步器分离一挡从动齿轮，并接合二挡从动齿轮。其动力传动路线如图 8-17 所示。

动力→输入轴→输出轴二挡齿轮→一、二挡同步器→输出轴

图 8-17 二挡动力传动路线

③三挡。

当二挡同步器接合套返回空挡后,将三、四挡同步器锁定到主减速器主动齿轮轴上的三挡齿轮上。其动力传动路线如图8-18所示。

动力→输入轴→三、四挡同步器→输入轴三挡齿轮→输出轴三挡齿轮→输出轴

图8-18 三挡动力传动路线

④四挡。

将三、四挡同步器接合套从三挡齿轮移开,移向四挡齿轮,将其锁定在主减速器主动齿轮轴上。其动力传动路线如图8-19所示。

动力→输入轴→三、四挡同步器→输入轴四挡齿轮→输出轴四挡齿轮→输出轴

图8-19 四挡动力传动路线

⑤倒挡。

变速杆位于倒挡时,倒挡惰轮换入与倒挡主动齿轮和倒挡从动齿轮啮合位置。倒挡从动齿轮同时又是一、二挡同步器接合套,同步器接合套带有沿其外缘加工的直齿。倒挡惰轮改变变速齿轮的转动方向,汽车就可以倒车。其动力传动路线如图8-20所示。

动力→输入轴(倒挡齿轮)→倒挡齿轮→输出轴倒挡齿轮
(一、二挡同步器接合齿套)→一、二挡同步器→输出轴

图8-20 倒挡动力传动路线

2. 发动机纵向布置的二轴式变速器

图8-21和图8-22所示分别为桑塔纳轿车二轴式变速器传动机构的结构图和示意图。

(1) 结构

变速传动机构包括输入轴、输出轴及其上的齿轮。输入轴和输出轴的分解分别如图8-23和图8-24所示。输入轴和输出轴平行布置,输入轴也是离合器的从动轴,输出轴

图 8-21 二轴式变速器传动机构的结构

1—输入轴；2—输出轴；3—三、四挡同步器；4—一、二挡同步器；5—倒挡中间齿轮；
Ⅰ——挡齿轮；Ⅱ—二挡齿轮；Ⅲ—三挡齿轮；Ⅳ—四挡齿轮；Ⅴ—五挡齿轮；R—倒挡齿轮。

图 8-22 二轴式变速器传动机构的示意

也是主减速器的主动锥齿轮轴。该变速器具有五个前进挡和一个倒挡，全部采用锁环式惯性同步器换挡。输入轴上有一至五挡主动齿轮，其中一、二挡主动齿轮与轴制成一体，三、四、五挡主动齿轮通过滚针轴承空套在轴上。输入轴上还有倒挡主动齿轮，它与轴制成一体。三、四挡同步器和五挡同步器也装在输入轴上。输出轴上有一至五挡从动齿轮，其中一、二挡从动齿轮通过滚针轴承空套在轴上，三、四、五挡齿轮通过花键套装在轴上。一、二挡同步器也装在输出轴上。在变速器壳体的右端还装有倒挡轴，上面通过滚针轴承套装有倒挡中间齿轮。

图 8-23 输入轴分解

图 8-24 输出轴分解

(2) 各挡动力传动路线

各挡动力传动路线见表 8-1（参见图 8-22）。

表 8-1 桑塔纳 2000 轿车变速器动力传动路线

挡位	动力传递路线
一	变速器操纵杆从空挡向左、向前移动，实现： 动力→输入轴→输入轴一挡齿轮→输出轴一挡齿轮→输出轴上一、二挡同步器→输出轴→动力输出

续表

挡位	动力传递路线
二	变速器操纵杆从空挡向左、向后移动,实现: 动力→输入轴→输入轴二挡齿轮→输出轴二挡齿轮→输出轴上一、二挡同步器→输出轴→动力输出
三	变速器操纵杆从空挡向前移动,实现: 动力→输入轴→输入轴三、四挡同步器→输入轴三挡齿轮→输出轴三挡齿轮→输出轴→动力输出
四	变速器操纵杆从空挡向后移动,实现: 动力→输入轴→输入轴三、四挡同步器→输入轴四挡齿轮→输出轴四挡齿轮→输出轴→动力输出
五	变速器操纵杆从空挡向右、向前移动,实现: 动力→输入轴→输入轴上五挡同步器→输入轴五挡齿轮→输出轴五挡齿轮→输出轴→动力输出
倒	变速器换挡操纵杆从空挡向右、向后移动,实现: 动力→输入轴→输入轴倒挡齿轮→倒挡轴倒挡齿轮→输出轴倒挡齿轮→输出轴→动力反向输出

(五)三轴式变速器的变速传动机构

1. 结构

三轴式变速器用于发动机前置后轮驱动的汽车。三轴式变速器典型结构简图如图 8 – 25 所示,具有六个前进挡和一个倒挡。它有三根主要的传动轴:一轴、二轴和中间轴,所以称为三轴式变速器。此外,还有倒挡轴。

第一轴(输入轴)1 的前端用向心球轴承支承在飞轮的中心孔中,其后端用圆柱滚子轴承支承在变速器的壳体上。第一轴常啮合齿轮 2 与第一轴制成一体,并与中间轴常啮合齿轮 38 构成常啮合传动副。第一轴的前端有花键,与离合器从动盘花键毂相配合。

第二轴(输出轴)26 的前端用滚针轴承支承在第一轴常啮合齿轮 2 的内圆孔中,其后端也利用圆柱滚子轴承支承在壳体上。轴上空套着第二轴五挡齿轮 8、四挡齿轮 9、三挡齿轮 16、二挡齿轮 17、一挡齿轮 22 和倒挡齿轮 25。

中间轴 30 的两端均采用圆柱滚子轴承支承于壳体上,其上固装着中间轴常啮合齿轮 38、中间轴五挡齿轮 37、四挡齿轮 36、三挡齿轮 35、二挡齿轮 34、一挡齿轮 33 及中间轴倒挡齿轮 29。花键毂 40、13、28 和 27 通过内花键孔与第二轴上的外花键齿相连接,并用卡环锁止以限制花键毂的轴向移动。各个花键毂的外圆表面为外花键,其齿形与相邻齿轮的接合套齿形完全相同。它们分别与相应的具有内花键的各个接合套相配合。接合套 5、12、20、23 可在拨叉的作用下沿花键毂轴向移动。

为实现汽车倒驶,在中间轴的一侧设置了一根较短的倒挡轴 31(图中以展开画法,将倒挡轴画在中间轴的下方),其上空套着倒挡中间齿轮 32,它与中间轴倒挡齿轮 29 也为常啮合斜齿轮。为防止倒挡轴相对于壳体转动和轴向移动,倒挡轴的后端用锁片将其固定在壳体上。

1—第一轴；2—第一轴常啮合齿轮；3—第一轴齿轮齿圈；4—六挡同步器锁环；5、12、20、23—接合套；6—五挡同步器锁环；7—五挡齿轮齿圈；8—第二轴五挡齿轮；9—第二轴四挡齿轮；10—四挡齿轮齿圈；11—四挡同步器锁环；13、27、28、40—花键毂；14—三挡同步器锁环；15—三挡齿轮接合齿圈；16—第二轴三挡齿轮；17—第二轴二挡齿轮；18—二挡齿轮齿圈；19—二挡同步器锁环；21——挡齿轮齿圈；22—第二轴一挡齿轮；24—倒挡齿轮齿圈；25—第二轴倒挡齿轮；26—第二轴；29—中间轴倒挡齿轮；30—中间轴；31—倒挡轴；32—倒挡中间齿轮；33—中间轴一挡齿轮；34—中间轴二挡齿轮；35—中间轴三挡齿轮；36—中间轴四挡齿轮；37—中间轴五挡齿轮；38—中间轴常啮合齿轮；39—变速器壳体。

图 8-25 三轴六挡变速器传动示意

在该变速器中，除一挡和倒挡外，均利用同步器和接合套换挡，可以把中间轴上与第二轴上相啮合的传动齿轮制成常啮合的斜齿轮，从而减小工作时的噪声，提高齿轮的寿命。

2. 动力传递

（1）一挡

欲挂上一挡，可操纵变速杆，通过拨叉使接合套20右移，与一挡齿轮齿圈21接合后，动力便可从第一轴起依次经齿轮2、齿轮38、中间轴30、齿轮33、齿轮22、齿圈21、接合套20、花键毂28，再通过花键传给第二轴26，完成一挡动力传递。

（2）二挡

摘下一挡时，可通过拨叉使接合套20左移，脱开与齿圈21的啮合，则变速器退回空挡。若将接合套继续左移，使之与二挡同步器锁环19的齿圈和二挡齿轮齿圈18接合后，变速器便从一挡换入了二挡。此时动力从第一轴依次经齿轮2、齿轮38、中间轴30、齿轮34、齿轮17、齿圈18、接合套20、花键毂28，最后传给第二轴26。

（3）三挡

同上，使接合套12右移，与三挡齿轮齿圈15接合，可挂上三挡。

（4）四挡

使接合套12左移，与四挡齿轮齿圈10接合，即挂上四挡。

(5) 五挡

使接合套 5 右移，与齿圈 7 接合，则挂入五挡。

(6) 六挡

使接合套 5 左移，直接与第一轴齿轮齿圈 3 接合，挂上六挡。此时动力从第一轴 1 经第一轴常啮合齿轮 2、第一轴齿轮齿圈 3、接合套 5 和花键毂 40 直接传给第二轴 26，而不再经过中间轴和传动齿轮，因此，这种挡位称为直接挡。

(7) 倒挡

为使汽车倒向行驶，可将接合套 23 右移，使之与倒挡齿轮接合齿圈 24 接合，即挂入倒挡。挂入倒挡时，动力由第一轴 1 经齿轮 2、齿轮 38、中间轴 30、倒挡齿轮 29、倒挡中间齿轮 32、第二轴倒挡齿轮 25、倒挡齿轮齿圈 24、接合套 23、花键毂 27 传给第二轴 26。由于增加了中间齿轮，故第二轴的旋转方向与第一轴相反，汽车便倒向行驶。

(六) 同步器

同步器的作用是换挡时使接合套与待啮合的齿圈迅速同步，以缩短换挡时间，防止待啮合的齿轮产生轮齿冲击。

同步器有常压式、惯性式、自行增力式等种类。目前广泛采用的同步器几乎都是摩擦式惯性同步器。按锁止装置不同，可分为锁环式惯性同步器和锁销式惯性同步器。

1. 锁环式惯性同步器

(1) 构造

锁环式惯性同步器的结构如图 8-26 所示。花键毂用内花键套装在二轴外花键上，用垫圈、卡环轴向定位。花键毂两端与第一轴齿轮及第二轴齿轮之间各有一个青铜制成的锁环（即同步环）。锁环上有短花键齿圈，其花键的尺寸和齿数与第一轴齿轮及第二轴齿轮的外花键齿相同。两个齿轮和锁环上的花键齿在靠近接合套的一端都有倒角（锁止角 β），并且与接合套齿端的倒角相同。锁环有内锥面，与两齿轮的外锥面锥角相同，锥角为 α。在锁环内锥面上制有细密的螺纹（或直槽），当锥面接触后，它能及时破坏油膜，增加锥面间的摩擦力。锁环内锥面摩擦副称为摩擦件，外沿带倒角的齿圈是锁止件，锁环上还有三个均布的缺口。三个滑块分别装在花键毂上三个均布的轴向槽内，沿槽可以轴向移动。滑块被两个弹簧圈的径向力压向接合套，滑块中部的凸起部位压嵌在接合套中部的环槽内。滑块和弹簧是推动件。滑块两端伸入锁环的缺口中，滑块窄而缺口宽，两者之差等于锁环的花键齿宽。锁环相对于滑块顺转和逆转都只能转动半个齿宽，并且只有当滑块位于锁环缺口的中央时，接合套与锁环才能接合。

(2) 工作原理

以五挡换六挡为例说明同步器的工作原理，如图 8-27 所示。

① 空挡位置。

接合套刚从五挡退入空挡时，如图 8-27 (a) 所示，六挡接合齿圈、接合套、锁环及与其有关联的运动件，因惯性作用而沿原方向继续旋转（图示箭头方向）。由于六挡齿轮是高挡齿轮（相对于五挡齿轮来说），所以接合套、锁环的转速低于六挡齿轮的转速。

② 挂挡。

欲换入六挡时，驾驶员通过变速杆使拨叉推动接合套连同滑块一起向左移动，如图 8-27 (b) 所示，滑块又推动锁环移向六挡齿轮，使锥面接触。驾驶员作用在接合套上的轴向

图 8-26 锁环式惯性同步器
(a) 装配图；(b) 分解图

推力，使两锥面有正压力 N，又因两者有转速差，所以产生摩擦力矩。通过摩擦作用，六挡齿轮带动锁环相对于接合套向前转动一个角度，直至锁环缺口靠在滑块的另一侧为止，此时接合套的内齿与锁环上错开了约半个齿宽，接合套的齿端倒角面与锁环的齿端倒角面互相抵住。

③锁止。

驾驶员的轴向推力使接合套的齿端倒角面与锁环的齿端倒角面之间产生正压力，从而形成一个企图拨动锁环的相对于接合套反转的力矩，此力矩称为拨环力矩。这样在锁环上同时作用着方向相反的摩擦力矩和拨环力矩，同步器的结构参数可以保证在同步前（存在摩擦力矩）拨环力矩始终小于摩擦力矩，所以，在同步之前，无论驾驶员施加多大的操纵力，都不会挂上挡，即产生锁止作用，如图 8-27（c）所示。

④同步啮合。

随着驾驶员施加于接合套上的推力加大，摩擦力矩不断增加，使六挡齿轮的转速迅速降

图 8-27 锁环式惯性同步器的工作原理
(a) 空挡位置；(b) 挂挡时；(c) 锁止；(d) 同步啮合

低。当六挡齿轮、接合套和锁环达到同步时，作用在锁环上的摩擦力矩消失。此时在拨环力矩的作用下，锁环、六挡齿轮及与之相连的各零件都相对于接合套反转一个角度，滑块便处于锁环缺口的中央，键齿不再抵触，锁环的锁止作用消除。接合套压下弹簧圈继续左移（滑块脱离接合套的内环槽而不能左移），与锁环的花键齿圈进入啮合，进而再与六挡接合齿圈进入啮合，如图 8-27（d）所示，从而换入六挡。

锁环式同步器尺寸小、结构紧凑、摩擦力矩也小，多用于轿车和轻型车辆。

2. 锁销式惯性同步器

大、中型货车普遍采用锁销式惯性同步器，下面以东风汽车五挡变速器的四、五挡同步器为例进行简介。

四、五挡锁销式惯性同步器的结构如图 8-28 所示。两个带有内锥面的摩擦锥盘 6，以其内花键分别固装在带有接合齿圈的斜齿轮 1 和 3 上，随齿轮一起转动。两个有外锥面的摩擦锥环 7，其上有沿圆周均布的三个锁销 8、三个定位销 2 与接合套 9 装在一起。定位销与接合套的相应孔是滑动配合，定位销中部切有一小段环槽，接合套钻有斜孔，内装弹簧 11 把钢球 10 顶向定位销中部的环槽，使接合套处于空挡位置，定位销能随接合套轴向移动。定位销两端伸入两锥环 7 内侧面的弧线形浅坑中，定位销与浅坑有周向间隙，锥环相对于接合套在一定范围内做周向摆动。锁销中部环槽的两端和接合套相应孔两端切有相同的倒角；锁销与孔对齐时，接合套才能沿锁销轴向移动；锁销两端铆接在锥环相应的孔中。两个锥环、三个锁销、三个定位销和接合套构成一个部件，套在花键毂 4 的齿圈上。

锁销式惯性同步器的工作原理与锁环式惯性同步器的类似。

1—第一轴齿轮；2—定位销；3—第二轴四挡齿轮；4—花键毂；5—第二轴；
6—摩擦锥盘；7—摩擦锥环；8—锁销；9—接合套；10—钢球；11—弹簧。
图 8-28　锁销式惯性同步器

换挡时，接合套受到拨叉的轴向推力作用，通过钢球 10、定位销 2 推动摩擦锥环 7 向前移动。因摩擦锥环与锥盘有转速差，故接触后的摩擦作用使锥环和锁销相对于接合套转过一个角度，锁销与接合套上相应孔的中心线不再同心，锁销中部倒角与接合套孔端的锥面相抵触，在同步前，作用在摩擦面的摩擦力矩总大于拨销力矩，因而接合套被锁止而不能前移，以防止在同步前接合套与齿圈进入啮合。同步后，摩擦力矩消失，拨销力矩使锁销、摩擦锥盘和相应的齿轮相对于接合套转过一个角度，锁销与接合套的相应孔对中，接合套克服弹簧 11 的张力压下钢球并沿锁销向前移动，从而完成换挡。

（七）变速器操纵机构

变速器操纵机构的功用是根据汽车使用条件，保证驾驶员能准确、可靠地使变速器挂入所需要的任一挡工作，并可随时使之退到空挡。

变速器操纵机构按照变速操纵杆（变速杆）位置的不同，可分为直接操纵式和远距离操纵式两种类型。

（1）直接操纵式

直接操纵式的变速器布置在驾驶员座椅附近，变速杆由驾驶室底板伸出，驾驶员可以直接操纵，如图 8-29 所示。多用于发动机前置后轮驱动的车辆。

拨叉轴 11、10、9 和 8 的两端均支承于变速器盖的相应孔中，可以轴向滑动。所有的拨叉和拨块都以弹性销固定于相应的拨叉轴上。三、四挡拨叉 16 的上端具有拨块。拨叉 16 和拨块 15、14、4 的顶部制有凹槽。变速器处于空挡时，各凹槽在横向平面内对齐，叉形拨杆 5 下端的球头即伸入这些凹槽中。选挡时，可使变速杆绕其中部球形支点横向摆动，则其下端推动叉形拨杆 5 绕换挡轴 7 的轴线摆动，从而使叉形拨杆下端球头对准与所选挡位对应的拨块凹槽，然后使变速杆纵向摆动，带动拨叉轴及拨叉向前或向后移动，即可实现挂挡。例如，横向摆动变速杆使叉形拨杆下端球头深入拨块 15 顶部凹槽中，拨块 15 连同拨叉轴 9 和拨叉 13 沿纵向向前移动一定距离，便可挂入二挡；若向后移动一段距离，

1—互锁销；2—自锁钢球；3—自锁弹簧；4—倒挡拨块；5—叉形拨杆；6—变速杆；7—换挡轴；8—倒挡拨叉轴；9—一、二挡拨叉轴；10—三、四挡拨叉轴；11—五、六挡拨叉轴；12—倒挡拨叉；13—一、二挡拨叉；14—五、六挡拨块；15—一、二挡拨块；16—三、四挡拨叉；17—五、六挡拨叉。

图 8-29　中型货车六挡变速器直接操纵式操纵机构

则挂入一挡。当使叉形拨杆下端球头深入拨块 4 的凹槽中，并使其向前移动一段距离时，便挂入倒挡。

（2）远距离操纵式

在有些汽车上，由于变速器离驾驶员座位较远，则需要在变速杆与拨叉之间加装一些辅助杠杆或一套传动机构，构成远距离操纵机构，如图 8-30 所示。这种操纵机构多用于发动机前置前轮驱动的轿车。

为了保证变速器在任何情况下都能准确、安全、可靠地工作，变速器操纵机构一般都具有换挡锁装置，换挡锁装置包括自锁装置、互锁装置和倒挡锁装置。

（1）自锁装置

自锁装置用于防止变速器自动脱挡或挂挡，并保证轮齿以全齿宽啮合。大多数变速器的自锁装置都是采用自锁钢球对拨叉轴进行轴向定位锁止。如图 8-31 所示，在变速器盖中钻有三个深孔，孔中装入自锁钢球和自锁弹簧，其位置正处于拨叉轴的正上方，每根拨叉轴对着钢球的表面沿轴向设有三个凹槽，槽的深度小于钢球的半径。中间的凹槽对正钢球时为空挡位置，前边或后边的凹槽对正钢球时，则处于某一工作挡位置，相邻凹槽之间的距离保证齿轮处于全齿长啮合或是完全退出啮合。凹槽对正钢球时，钢球便在自锁弹簧的压力作用下嵌入该凹槽内，拨叉轴的轴向位置便被固定，不能自行挂挡或自行脱挡。当需要换挡时，驾驶员通过变速杆对拨叉轴施加一定的轴向力，克服自锁弹簧的压力而将自锁钢球从拨叉轴凹槽中挤出并推回孔中，拨叉轴便可滑过钢球进行轴向移动，并带动拨叉及相应的接合套或滑动齿轮轴向移动，当拨叉轴移至其另一凹槽与钢球相对正时，钢球又被压入凹槽，驾驶员具有很强的手感，此时拨叉所带动的接合套或滑动齿轮便被拨入空挡或被拨入另一工作挡位。

图 8-30 五挡手动变速器的远距离操纵机构

图 8-31 自锁和互锁装置

(2) 互锁装置

互锁装置用于防止同时挂上两个挡位。如图 8-32 所示,互锁装置由互锁钢球和互锁销组成。

当变速器处于空挡时,所有拨叉轴的侧面凹槽同互锁钢球、互锁销都在一条直线上。当移动中间拨叉轴时,如图 8-32(a)所示,轴两侧的内钢球从其侧凹槽中被挤出,而两外钢球则分别嵌入上方拨叉轴和下方拨叉轴的侧面凹槽中,因而将上、下两拨叉轴刚性地锁止在其空挡位置。若欲移动下方拨叉轴,则应先将中间拨叉轴退回到空挡位置。于是在移动下

图 8-32 互锁装置工作示意图
(a) 中间拨叉轴移动时；(b) 下方拨叉轴移动时；(c) 上方拨叉轴移动时

方拨叉轴时，钢球便从下方拨叉轴的凹槽中被挤出，同时通过互锁销和其他钢球将中间拨叉轴和上方拨叉轴均锁止在空挡位置，如图 8-32 (b) 所示。同理，当移动上方拨叉轴时，则中间拨叉轴和下方拨叉轴被锁止在空挡位置，如图 8-32 (c) 所示。由此可知，互锁装置工作的机理是当驾驶员用变速杆推动某一拨叉轴时，即可自动锁止其余的拨叉轴，从而防止同时挂上两个挡位。

倒挡锁装置用于防止误挂倒挡。图 8-33 所示为常见的锁销式倒挡锁装置。当驾驶员想挂倒挡时，必须用较大的力使变速杆下端倒挡锁弹簧将锁销推入锁销孔内，才能使变速杆下端进入倒挡拨块的凹槽中进行换挡。由此可见，倒挡锁的作用是使驾驶员必须对变速杆施加更大的力，才能挂入倒挡，因而可以起到警示注意作用，以防误挂倒挡。

图 8-33 锁销式倒挡锁装置

（八）分动器

多轴驱动的越野汽车上，为了将变速器输出的动力分配到各驱动桥，均装有分动器。

分动器的基本结构也是一个齿轮传动系统。其输入轴直接或通过万向传动装置与变速器输出轴相连，而其输出轴则有若干个，分别经万向传动装置与各驱动桥连接。目前绝大多数越野汽车都装用两挡分动器，使之兼起副变速器的作用。

分动器由齿轮传动机构和操纵机构两部分组成。

1. 齿轮传动机构

多数轻型越野汽车装有两输出轴式分动器，分别驱动前桥和后桥。该种分动器齿轮机构有普通齿轮式和行星齿轮式两种。行星齿轮式分动器结构如图 8-34 所示，其动力传动过程如下：

接合套左移与太阳轮内齿接合时，换入高速挡（传动比为1）。此时的动力传递路线是：输入轴→太阳轮→接合套→后桥输出轴，齿圈固定在分动器壳上，行星轮和行星架空转。此过程为两轮驱动高速挡。

图8-34 行星齿轮式分动器结构示意

当锁环式同步器接合套右移与主动链轮接合时，同时接合套右移与行星架接合，此时分动器处于四轮驱动低速挡。其动力传递路线是：输入轴→太阳轮→行星齿轮→行星架→接合套→后桥输出轴→锁环式同步器接合套→主动链轮→传动链→从动链轮→前驱动桥输出轴。后桥动力传递路线同两轮驱动，后桥输出轴与前桥输出轴转速相同。

2. 操纵机构

分动器的操纵机构由操纵杆、传动杆、摇臂及轴等组成。

在操纵分动器时，若换入低速挡，输出转矩较大。为避免后桥超载，前桥需参加驱动，分担一部分载荷。为此，分动器的操纵机构应保证：连接前桥前，不得挂上低速挡；低速挡退出前，不得摘下前桥。

为满足上述对分动器操纵机构的要求，应从其结构上予以保证。分动器操纵机构如图8-35所示。当换挡操纵杆向后拉动时，其下端将使传动杆向前运动，以挂高速挡。若换挡操纵杆向前挂低速挡，其下端受螺钉限制，无法挂上低速挡。欲挂上低速挡，必须先将前桥操纵杆向前移动，使轴转动并通过摇臂使下端传动杆后推，接上前桥动力后才能实现。因为前桥操纵杆上端向前推时，下端便连同螺钉向后摆动，不再约束换挡操纵杆挂低速挡。当挂上低速挡后，换挡操纵杆下端又与螺钉接触，从而又使在低速挡位时前桥无法摘开。

总之，接上前桥驱动时，前后（或前、中、后）桥的车轮将同步转动，但前、后桥轮胎气压不等、磨损不同或行驶在凸凹不平的路面上时，易产生轮胎滑移或滑转。因此，在较好路面上应使用高速挡，不应接前桥。当汽车在较差的路面上行驶时，应接上前

图8-35 分动器操纵机构

桥，以使汽车具有足够的驱动力，克服增加了的行驶阻力。

三、万向传动装置的组成

（一）万向传动装置的组成、功用及其应用

万向传动装置一般由万向节和传动轴组成，有时还要加装中间支承。

万向传动装置用来实现变角度的动力传递，其在汽车上的应用如图8-36所示。

图8-36 万向传动装置在汽车上的应用

(a) 变速器与驱动桥之间；(b) 变速器、分动器与驱动桥之间；(c) 驱动桥与驱动轮之间

①用于变速器与驱动桥之间。
②用于变速器、分动器与驱动桥之间。
③用于驱动桥与驱动轮之间。

此外，在发动机与变速器之间及汽车的转向操纵机构中，也会用到万向传动装置。

（二）万向节

万向节是万向传动装置中实现变角度传动的主要部件，按其在扭转方向上是否有明显的弹性，可以分为刚性万向节和挠性万向节。

刚性万向节是靠零件的铰链式连接传递动力的，可分为不等速万向节（十字轴式）、准等速万向节（双联式、三销轴式等）和等速万向节（球笼式、球叉式等）。

挠性万向节的特点是其传力组件采用夹布橡胶盘、橡胶块、橡胶环等弹性组件，从而保证在相交两轴间不发生机械干涉。由于弹性组件变形量有限，故挠性万向节一般用于夹角较小（3°~5°）的两轴间和有微量轴向位移的传动场合。例如，安装在车架上的两个部件（发动机和变速器或者变速器与分动器）之间，可使装配方便，不需轴线严格对正，并能消除工作中车架变形对传动的不利影响。

1. 十字轴式刚性万向节

十字轴式刚性万向节在汽车传动系中应用最为广泛，它允许相邻两轴的最大交角为15°~20°。它一般由一个十字轴、两个万向节叉和四个滚针轴承等机件组成。

十字轴式刚性万向节如图8-37所示。万向节叉与前传动轴后端凸缘盘用四个螺栓相连接。两个万向节的两对孔通过四个滚针轴承（由滚针和套筒组成）分别与十字轴的两对轴颈相铰接。这样，当主动轴转动时，从动轴既可随之转动，又可绕十字轴中心在任意方向摆动。为了防止轴承在离心力的作用下被甩出，万向节叉上用螺钉固定轴承盖，并用锁片锁紧，以可靠防松。为了润滑轴承，十字轴做成中空的，并开有润滑油道通向轴颈。

1、7—万向节叉；2—套筒；3—滚针；4—挡圈；5—油封；6—滚针轴承；
8—十字轴；9—轴承盖；10—螺钉；11—锁片。

图8-37 十字轴式刚性万向节

由于刚性万向节结构简单，传动效率较高，因此应用较广泛。其不足之处是单个万向节在输入轴和输出轴之间有夹角的情况下，其两轴的角速度不相等，这就是单个万向节的不等速性。

下面分析一下单个十字轴式刚性万向节在有夹角时传动的不等速性。

①当主动叉在垂直位置，十字轴平面与主动轴相垂直时，如图 8-38（a）所示，十字轴上 A 点的瞬时圆周速度 v_A 可由主动叉的角速度 ω_1 与从动叉的角速度 ω_2 求出：

$$v_A = \omega_1 r = \omega_2 r \cos\alpha$$

所以

$$\omega_1 = \omega_2 \cos\alpha$$

此时 $\omega_1 < \omega_2$，即从动轴的转速大于主动轴的转速。

1—主动叉；2—从动叉；3—十字轴；r—十字轴旋转半径（$r = OA = OB$）。

图 8-38 十字轴式刚性万向节角速度分析

②当主动叉转到水平位置，十字轴平面与从动轴相垂直时，如图 8-38（b）所示，十字轴上 B 点的瞬时圆周速度 v_B 可由下式求出：

$$v_B = \omega_1 r \cos\alpha = \omega_2 r$$

所以

$$\omega_2 = \omega_1 \cos\alpha$$

此时 $\omega_1 > \omega_2$，即从动轴的转速小于主动轴的转速。

由上面两个位置的角速度分析可见，若主动叉从 0° 开始以 ω_1 匀速转动，从动叉角速度 ω_2 的变化则由快到慢；当主动叉转过 90° 后，从动叉 ω_2 又由慢变快，即主动叉每转过半圈，从动叉的角速度变化一个周期。

由前述转角关系可以看出，当主动叉每转过 90° 时，从动叉也刚好转过相同的角度。当只从 0° 转到 90° 时，从动轴转角相对于主动轴转角是超前的，即 $\varphi_2 > \varphi_1$，并且两角差在 $\varphi_1 = 45°$ 时达到最大，随后开始减小。而当 φ_1 从 90° 到 180° 时，从动轴转角是滞后的，即 $\varphi_2 < \varphi_1$，并且两角差在 $\varphi_1 = 135°$ 时达到最大值。后半圈与前半圈情况相同。这一周期性变化情况可以由（$\varphi_1 - \varphi_2$）随 φ_1 的变化曲线图看出，如图 8-39 所示。

图 8-39 十字轴式刚性万向节不等速特性曲线

如图 8-40 所示，第一万向节两轴间夹角 α_1 与第二万向节两轴间夹角 α_2 相等，即 $\alpha_1 = \alpha_2$；传动轴两端的两个万向节叉（即第一万向节的从动叉与第二万向节的主动叉）在同一平面内。

图 8-40　双万向节等速传动布置
(a) 平行排列；(b) 等腰式排列

2. 等速万向节

等速万向节的基本原理是从结构上保证万向节在工作中，其传力点始终位于两轴交角的平分面上。图 8-41 所示为一对大小相同的锥齿轮传动示意图。两齿轮的接触点 P 位于两齿轮轴线交角 α 的平分面上，由 P 点到两轴的垂直距离都等于 r。在 P 点处，两齿轮的圆周速度是相等的，即两齿轮旋转角速度也相同。若万向节在工作中，其传力点始终在两轴夹角的平分面上，那么这种万向节就是等速万向节。

图 8-41　锥齿轮传动示意

汽车上应用较广泛的等速万向节有球笼式、球叉式及组合式。

球笼式等速万向节如图 8-42 所示。主要由六个钢球、星形套、球形壳和保持架（球笼）组成。星形套以其内花键与主动轴连接，传力钢球分别位于六条由星形套和球形壳形成的凹槽内，由保持架保持在同一平面内。动力由主动轴输入，经钢球和球形壳输出。

图 8-42 球笼式等速万向节
(a) 结构图；(b) 零件分解图

球笼式等速万向节传动原理如图 8-43 所示。外滚道的中心 A 与内滚道的中心 B 分别位于万向节中心 O 的两侧，并且到 O 点的距离也相等。钢球中心 C 到 A、B 两点的距离也相等。保持架的内、外球面，内环的外球面和外环的内球面均以万向节中心为球心。当两轴交角变化时，保持架可沿内、外球面滑动，以保持六个钢球在同一平面内。由于 $OA = OB$，$CA = CB$，

图 8-43 球笼式等速万向节传动原理

CO 是公共边，则三角形 COA 与三角形 COB 为全等三角形，故 $\angle COA = \angle COB$，即传力钢球 C 始终位于 α 角的角平分面上，确保了钢球中心到主动轴与从动轴的距离 a 和 b 始终相等，从而使主动轴和从动轴以相等的角速度旋转。

球笼式万向节中六个钢球都传力，它们受力均匀，承载能力强，可允许两轴最大夹角为 $42°$，在各种轿车上多采用这种万向节。

（三）传动轴

传动轴的作用是把变速器的转矩传递到驱动桥上。

发动机前置前驱动轿车传动轴总成如图 8-44 所示。传动轴广泛采用管式结构，它用料少、质量小，在转向驱动桥、断开式驱动桥或微型汽车的万向传动装置中，常把传动轴制成实心轴。

图 8-44 发动机前置前驱动轿车传动轴总成

传动轴在高速旋转时，由于离心力作用，将产生剧烈振动，因此，当传动轴与万向节装配后，必须满足动平衡要求。载货汽车传动轴如图 8-45 所示，中间传动轴上的平衡片即是动平衡用的零件。平衡后，在万向节滑动叉与传动轴上刻有装配位置标记，以便拆卸后重新安装时保持二者的相对角位置不变。传动轴过长时，自振频率较低，易产生共振。通常将传动轴分成两段并加中间支承。前段称中间传动轴，后段称主传动轴。

传动轴分段时须加中间支承。通常中间支承安装在车架横梁上。中间支承应能补偿传动轴轴向和角度方向的安装误差，以及车辆行驶过程中由于发动机窜动或车架等变形所引起的位移。

四、驱动桥的组成

（一）功用、组成与分类

1. 功用

驱动桥的功用是将万向传动装置传来的发动机动力经降速增矩改变传动方向后，分配给左、右驱动轮，并且允许左、右驱动轮以不同转速旋转。

2. 组成

如图 8-46 所示，驱动桥通常由主减速器、差速器、半轴和驱动桥壳等组成。主减速器可降速增矩，并可改变发动机转矩的传递方向，以适应汽车的行驶方向。差速器可保证左、右驱动轮以不同的转速旋转。半轴把转矩从差速器传到驱动轮。桥壳支承汽车的部分质量，承受驱动轮上的各种力及力矩，并起到保护主减速器、差速器和半轴的作用。

1—凸缘叉；2—万向节十字轴；3—平衡片；4—中间传动轴；5、15—油封；6—中间支承前盖；7—橡胶垫环；8—中间支承后盖；9—圆锥滚子轴承；10、14—注油嘴；11—支架；12—堵盖；13—万向节滑动叉；16—主传动轴；17—锁片；18—滚针轴承油封；19—万向节滚针轴承；20—滚针轴承承盖；21—装配位置标记。

图8-45 载货汽车传动轴

图8-46 驱动桥示意

3. 种类

按驱动轮与桥壳的连接关系，驱动桥分为非断开式驱动桥和断开式驱动桥两种。

（1）非断开式驱动桥

非断开式驱动桥的整个车桥通过弹性悬架与车架相连，桥壳是刚性整体结构，如图8-46所示，两根半轴和驱动轮在横向平面内无相对运动。载货汽车多采用非断开式驱动桥。

（2）断开式驱动桥

一些轿车或越野汽车为了提高汽车行驶的平顺性或通过性，在它们的全部或部分驱动轮上采用独立悬架，即两侧驱动轮分别用弹性悬架与车架相连，两驱动轮彼此可独立地相对车架或车身上下跳动。主减速器固定在车架或车身上，驱动桥壳制成分段，并以铰链方式相连，同时，半轴也分段，并且各段之间用万向节连接，如图 8-47 所示。

图 8-47 断开式驱动桥

（二）主减速器

主减速器的功用是将输入的转矩增大并相应降低转速，并可根据需要改变转矩的方向。

主减速器的种类繁多，有单级式和双级式；有单速式和双速式；还有贯通式和轮边式等。

1. 单级主减速器

单级主减速器只有一对锥齿轮传动，它具有结构简单、质量小、体积小、传动效率高等特点，如图 8-48 所示。

图 8-48 单级主减速器齿轮

双曲面齿轮与螺旋锥齿轮相比，不仅具有工作平稳性更好、轮齿弯曲程度和接触强度大的优点，而且还具有主动齿轮轴线相对从动齿轮轴线偏移的特点，如图 8-49 所示。这一特点在保证汽车离地间隙一定的情况下，可使汽车重心降低，有利于提高汽车行驶的稳定性。这种齿轮传动的缺点是齿面间相对滑动速度较大，需要用特殊的加入防刮伤添加剂的准双曲面齿轮油润滑，不允许用普通齿轮润滑油代替，以防齿面擦伤和磨损，影响寿命。

图8-49 主、从动锥齿轮轴线位置

(a) 螺旋锥齿轮传动,轴线相交;(b) 准双曲面齿轮传动,轴线偏移

2. 双级主减速器

当主减速器要求较大的传动比时,单级主减速器已不能保证足够的离地间隙,这时需要使用由两对齿轮传动的双级主减速器,如图8-50所示。

图8-50 双级主减速器组成

3. 贯通式主减速器

有些多轴驱动的越野汽车,为了使结构简化,通往后桥与通往中桥的动力在中桥与分动器之间共享一个万向传动装置传递,通至中桥的一部分动力再经中桥至后桥的万向传动装置传至后桥。这种中驱动桥的主减速器,叫作贯通式主减速器。8×8汽车的驱动桥示意图如图8-51所示,图中的两个中桥均为贯通式主减速器。

图8-51 贯通式主减速器

（三）差速器

1. 差速器的功用与种类

差速器的功用是将主减速器传来的动力传给左、右两半轴，并在必要时允许左、右半轴以不同的转速旋转，使左、右驱动车轮相对于地面纯滚动而不是滑动。

当汽车转弯行驶时，内、外两侧车轮中心在同一时间内移过的曲线距离不同，即外侧车轮移过的距离大于内侧车轮，如图8-52所示。若两侧车轮都固定在同一刚性轴上，两轮加速度相等，则此时外侧车轮必然是边滚动边滑移，内侧车轮必然是边滚动边滑转。

图8-52 汽车转向时驱动车轮的运动示意图

车轮对地面的滑动不仅会加速轮胎的磨损、增加汽车的动力消耗，而且可能导致转向和制动性能的恶化。

多轴驱动的汽车，各驱动桥间由传动轴相连。若各桥的驱动轮均以相同的角速度旋转，同样也会发生与上述轮间无差速器时的类似现象。为使各驱动桥有可能具有不同的输入角速度，以消除各桥驱动轮的滑动现象，可以在驱动桥间设置轴间差速器。

差速器按其工作特性，可分为普通齿轮式差速器和防滑差速器两大类。汽车上应用最广泛的是普通齿轮式差速器。

2. 普通齿轮式差速器的结构

锥齿轮差速器是目前在汽车上应用最广泛的普通齿轮式差速器。图8-53所示为轿车常用的锥齿轮差速器。

差速器由差速器壳、行星齿轮轴、2个行星齿轮、2个半轴齿轮、球形垫圈等组成。行星齿轮轴装入差速器壳体后，用止动销定位。行星齿轮和半轴齿轮的背面制成球面，与球形垫圈相配合，以减摩、耐磨。差速器通过一对圆锥滚子轴承支承在变速器壳体中。

3. 工作原理

来自主减速器的动力传给差速器壳、行星齿轮轴、行星齿轮、半轴齿轮，再经左、右两半轴传至驱动轮。根据左右两驱动轮遇到阻力的情况不同，差速器可使其等速转动或不等速转动。

差速器工作情况如图8-54所示。

①汽车直线或在平坦道路上行驶时，两驱动轮转速相等，这时两行星齿轮与差速器壳（与主减速器从动齿轮固定）一起旋转，行星齿轮只有公转，没有自转。因此，左、右两侧半轴齿轮的转速与差速器壳（从动齿轮）的转速相同，即差速器不起作用。

图 8-53 轿车常用差速器

(a) 差速器总成；(b) 差速器分解图

②汽车转弯（例如右转弯）时，右驱动轮 B（滚动阻力大）行驶路程较短，因而其转速也较 A 驱动轮慢。此时，行星齿轮除随差速器壳公转外，还绕行星齿轮轴自转。由于行星齿轮的自转，使一侧半轴齿轮转速增加，而另一侧半轴齿轮转速降低，因此，达到汽车转弯时，允许两驱动轮以不同速度旋转的目的。

③若一侧半轴齿轮不动，差速器壳旋转时，行星齿轮将绕本身的轴线旋转并沿不动的一边的半轴齿轮滚动，而另一边的半轴齿轮则以两倍于差速器壳的转速旋转。因此，两驱动轮转速之和始终等于差速器壳转速的两倍。当差速器壳不动时，若一个车轮旋转，行星齿轮则在原位旋转，并带着另一车轮以相同的转速反方向旋转。

（四）半轴

半轴是差速器与驱动轮之间传递转矩的实心轴，其内端一般通过花键与差速器的半轴齿

图8-54 差速器工作情况
（a）差速器不起差速作用；（b）差速器起差速作用

轮连接，外端以凸缘与驱动轮的轮毂连接，如图8-55所示。根据其支承形式不同，半轴可分为全浮式半轴和半浮式半轴。

1. 全浮式半轴

全浮式半轴广泛应用于载货汽车上，它只传递转矩，不承受任何外力与弯矩。

全浮式半轴支承示意如图8-56所示。这种支承形式的半轴除承受转矩外，两端均不承受任何反力和弯矩，故称为全浮式半轴。所谓浮，是指卸除半轴的弯曲载荷。

全浮式半轴易于拆装。拆装时，只需拧下半轴凸缘上的螺栓即可抽出半轴，而车轮与桥壳照样能支持住汽车，从而给汽车维护带来方便。

2. 半浮式半轴

半浮式半轴除要承受转矩外，外端还要承受车轮传来的全部反力及弯矩，如图8-57所示。这种内端免受弯矩，而外端却承受全部弯矩的半轴，称为半浮式半轴。

图8-55 半轴

1—半轴凸缘；2—轮毂；3—轮毂轴承；
4—半轴；5—桥壳；6—主减速器从动锥齿轮。

图 8-56 全浮式半轴支承示意

图 8-57 半浮式半轴支承示意

半浮式半轴支承结构简单，成本低廉，被广泛用于反力弯矩较小的各类轿车，但这种半轴拆装麻烦，并且行驶中若折断，将发生危险。

（五）桥壳

1. 功用与种类

驱动桥壳用于支承并保护主减速器、差速器和半轴等；与从动桥一起支承车架及其上的各总成重量；并承受汽车行驶时由车轮传来的各种反力及力矩，经悬架传给车架。

驱动桥壳有整体式和分段式两种。

2. 整体式驱动桥壳

整体式驱动桥壳的特点是桥壳与主减速器壳分开制造，二者用螺栓连接在一起。整体式驱动桥壳如图 8-58 所示。半轴套管压入后桥壳中。桥壳上部装有通气塞，保证高温条件下气体畅通。该驱动桥壳为整体铸造桥壳，其刚度大、强度高、易铸造；但质量大，制造质量不易保证。多用于中、重型汽车。整体式驱动桥壳也可用钢板冲压焊接而成。

3. 分段式桥壳

分段式驱动桥壳如图 8-59 所示。它分为左、右两段，由螺栓连成一体。它由主减速器壳、左右桥壳、凸缘及垫片等组成。

图 8-58 整体式驱动桥壳

图 8-59 分段式驱动桥壳

分段式驱动桥壳易于铸造，加工简单，但维修时必须将驱动桥整体从车上拆下来。

随堂测试

1. 汽车传动系是指从发动机到_____之间的所有动力传递装置的总称。基本功用是将发动机发出的动力传给驱动车轮，使汽车以一定速度行驶。具有减速与变速、实现_____、中断动力传动、实现驱动车轮_____等功能。

2. 手动变速传动系主要包括_____、_____、_____、驱动桥。

3. 手动变速器包括变速传动机构和操纵机构两大部分。变速传动机构的主要作用是改变_____的大小、方向；操纵机构的作用是实现_____。

4. 万向传动装置一般由_____和_____组成，有时还要加装中间支承。万向传动装置用来实现_____的动力传递。

5. 主减速器的功用是将输入的转矩_____并相应降低_____，并可根据需要改变_____的方向。主减速器的种类繁多，有_____式和_____式，有单速式和双速式，还有贯通式和轮边式等。

6. 差速器的功用是将_____传来的动力传给_____，并在必要时允许左、右半轴_____的转速旋转，使左、右驱动车轮相对于地面纯滚动而不是滑动。

项目八　传动系工作过程分析

任务实施

任 务 工 单

任务名称：分析手动变速传动的工作过程		
姓名：	班级：	学号：
任务描述	请你就某一手动挡型号车辆绘制一个该车从发动机到驱动轮的动力传递路线图，并讲解各装置的结构与工作过程，在学习小组或班级里进行交流汇报	
能力目标	1. 能够向客户在实际车辆上讲解离合器的工作过程、各部件的构造； 2. 能够向客户在实际车辆上讲解手动变速器的工作过程、各部件的构造； 3. 能够向客户在实际车辆上讲解万向传动装置的组成与工作过程； 4. 能够向客户在实际车辆上讲解驱动桥的组成与工作过程； 5. 具有与客户沟通交流的能力； 6. 具备信息搜集和处理的能力	
实施准备	1. 教学用手动变速器车辆或手动变速器实验台； 2. 车辆或手动变速器相关资料； 3. 汇报用纸、笔等	
实施步骤	自主学习	学习相关知识，个人绘制手动传动系动力传动路线简图和各大总成结构简图
	小组讨论	以学习小组形式进行讨论与比较，形成小组汇报成果
	小组汇报	汇报小组成果，并通过角色扮演方式在实际车辆或底盘实验台上向客户讲解手动传动系的工作过程； 按规范做好5S
自我反思	在专业能力、关键能力等方面的收获或体会：	

· 39 ·

任务 8-2　分析自动变速传动工作过程

学习内容

1. 自动变速器的种类与优点；
2. 电控液力自动变速器的组成与工作过程；
3. 双离合器式自动变速器的组成与工作过程；
4. 电控机械无级自动变速器的组成与工作过程。

能力要求

1. 能够向客户在实际车辆上讲解自动变速器的工作过程、各部件的构造；
2. 能够对各形式的自动变速器进行比较分析；
3. 具有与客户沟通交流的能力；
4. 具备信息搜集和处理的能力。

任务引入

　　自动变速传动的主要装置由自动变速器、万向传动装置、驱动桥组成。其与手动变速传动相比，最大的区别是由自动变速器代替了离合器与手动变速器。自动变速器虽然结构复杂，成本较高，但车辆驾驶操作简单，深受使用者欢迎。你能够向客户讲解一下不同类型自动变速器的优点与工作过程吗？

任务描述

　　自动变速的车辆相对手动变速的车辆而言，操作起来相对简单，操作过程中不需要手动频繁换挡，但变速器的内部结构与工作过程却比较复杂，对车辆的使用维护有着一些特殊要求。请你就不同类型的自动变速器车辆绘制出动力传递路线图，讲解其自动变速的工作过程，在学习小组或班级里进行交流汇报。

相关知识

一、自动变速器的种类

现代汽车广泛应用的自动变速器有以下几种。

1. 液力自动变速器

液力自动变速器把原来由液压控制完成的功能改由微处理器来完成，实现了由 AT 向 EAT（Electronic – controlled AT）的转变，降低了结构复杂性和制造技术要求，降低了成本，提高了产品适应性。

2. 手动式机械变速器

手动式机械变速器借助于微机控制技术，正在演变为电子计算机控制的机械式自动变速器（Electronic-controlled Mechnical Transmission，EMT 或 Automated Mechnical Transmission，AMT），从而克服了手动操纵的种种弊端。

双离合器式自动变速器是基于手动变速器发展而来的，其工作原理是通过将变速器挡位按奇、偶数分开布置，分别与两个离合器连接，通过切换两个离合器的工作状态，就可以完成换挡动作。双离合器式自动变速器（Dual Clutch Transmission，DCT），也叫直接换挡变速器（Direct Shift Gearbox，DSG）。

3. 无级变速器

无级变速器改由电子控制取代液压控制，实现由 CVT 向 ECVT 的转变，达到简化结构、提高控制精度的目的。

二、电控液力自动变速器

1. 电控液力自动变速器的组成

电控自动变速器主要由液力变矩器、齿轮变速机构、换挡执行机构、液压控制系统和电子控制系统五大部分组成。

（1）液力变矩器

液力变矩器安装在发动机与变速器之间，将发动机转矩传给变速器输入轴。它相当于普通汽车上的离合器，但传递力矩的方式又不同于普通离合器。普通汽车离合器是靠摩擦传递力矩，而液力变矩器是靠液力来传递力矩，而且液力变矩器可改变发动机转矩，并能实现无级变速。变矩器是用液力来传递汽车动力的，而液压油的内部摩擦会造成一定的能量损失，因此传动效率较低。为提高汽车的传动效率，减少燃油消耗，现代很多轿车的自动变速器采用一种带锁止离合器的综合式液力变矩器，如图 8 – 60 所示。

带锁止离合器的液力变矩器的特点是，汽车在变工况下行驶时（如起步、经常加减速），锁止离合器分离，相当于普通液力变矩器；当汽车在稳定工况下行驶时，锁止离合器接合，动力不经液力传动，直接通过机械传动传递，动力传递路线为：发动机→变矩器壳体→锁止离合器压盘→减震器→从动盘→齿轮变速机构输入轴，变矩器效率为 100%。

自动变速器计算机根据车速、节气门开度、发动机转速、变速器液压油温度、操纵手柄位置、控制模式等因素，按照设定的锁止控制程序向锁止电磁阀发出控制信号，操纵锁止控制阀，以改变锁止离合器压盘两侧的油压，从而控制锁止离合器的工作。

当车辆低速行驶时，油液流至锁止离合器的前端。锁止离合器压盘前端与后端的压力相同，使锁止离合器处于分离状态，如图 8 – 61 所示。这时输入变矩器的动力完全通过 ATF 传至涡轮。

图 8-60 液力变矩器结构及工作示意图

图 8-61 锁止离合器处于分离状态

当车辆在良好道路上以中速至高速（通常 >50 km/h）行驶，并且车速、节气门开度、变速器液压油温度等因素符合一定要求时，ATF 流至锁止离合器的后端，这样，使锁止离合器压盘与变矩器壳体一起转动，如图 8-62 所示。这时输入变矩器的动力通过锁止离合器的机械连接，由压盘直接传至涡轮输出，传动效率为 100%。

（2）齿轮变速机构

齿轮变速机构可形成不同的传动比，组合成电控自动变速器不同的挡位。目前绝大多数电控自动变速器采用行星齿轮机构进行变速，但也有个别车型采用普通齿轮机构进行变速（如本田车系）。

①单排行星齿轮机构。如图 8-63 所示，单排行星齿轮机构主要由太阳轮、行星架、齿圈和行星轮组成。通常行星轮有 3~6 个，通过滚针轴承安装在行星齿轮轴上，行星齿轮轴

图 8-62 锁止离合器处于接合状态

均匀地安装在行星架上。行星齿轮机构工作时,行星齿轮除了绕自身轴线的自转外,同时还绕着太阳轮公转。

单排行星齿轮机构运动规律的特征方程式为

$$n_1 + \alpha n_2 - (1+\alpha)n_3 = 0$$

式中,n_1 为太阳轮转速;n_2 为齿圈转速;n_3 为行星架转速;α 为齿圈齿数 Z_2 与太阳轮齿数 Z_1 之比,即 $\alpha = Z_2/Z_1$,且 $\alpha > 1$。

② 复合式行星齿轮机构。

单排行星齿轮机构所提供的适用传动比数目是有限

图 8-63 单排行星齿轮机构

的,为了获取较多的挡数,可采用两排或多排行星齿轮机构。在现代汽车的自动变速器中,目前广泛采用两种类型的复合式行星齿轮机构:辛普森(Simpson)式和拉维纳(Ravigneaux)式。

辛普森式行星齿轮机构是由两排行星齿轮机构共用一个太阳轮组成的复合式行星齿轮机构,如图 8-64 所示。

该机构中有 4 个换挡执行元件,分别为离合器 C_1、C_2 和制动器 B_1、B_2。离合器 C_1 用于连接输入轴和前后行星排共用太阳轮 2;离合器 C_2 用于连接输入轴和前行星排齿圈 1;制动器 B_1 用于固定前后行星排共用太阳轮 2;制动器 B_2 用于固定后行星排行星架 6。

拉维纳式行星齿轮机构如图 8-65 和图 8-66 所示。它由前面一个单行星轮式行星排和后面一个双行星轮式行星排组合而成。大太阳轮、长行星轮、行星架和齿圈共同组成一个单行星轮式行星排;小太阳轮、短行星轮、长行星轮、行星架和齿圈共同组成一个双行星轮式行星排。

拉维纳式四挡行星齿轮机构的特点是两排齿轮机构用一个齿圈和一个行星架。行星架上的长行星轮与前排行星齿轮机构的大太阳轮啮合,同时与后排行星齿轮机构的短行星轮相啮合。短行星轮还与小太阳轮啮合。该机构可以和 6 个换挡执行元件(离合器 C_1、C_2、C_3,制动器 B_1、B_2,单向离合器 F)组成 4 个前进挡和 1 个倒挡的行星齿轮变速器。其换挡执行元件工作规律见表 8-2。

1—前行星排齿圈；2—前后行星排共用太阳轮；3—后行星排齿圈；4—输出轴；5—后行星排行星轮；
6—后行星排行星架；7—前行星排行星轮；8—前行星排行星架；C_1、C_2—离合器；B_1、B_2—制动器。

图 8-64 辛普森式行星齿轮机构
（a）示意图；（b）简图

1—输入轴；2—大太阳轮；3—小太阳轮；4—长行星轮；5—短行星轮；6—行星架；
7—输出齿轮；8—主减速器齿轮；C_1—1号离合器；C_2—2号离合器；C_3—3号离合器；
B_1—1号制动器；B_2—2号制动器；F—单向离合器。

图 8-65 拉维纳式行星齿轮机构

1—输入轴；2—长行星轮；3—齿圈；4—行星架；5—短行星轮；6—输出轴；
7—小太阳轮；8—大太阳轮；C_1、C_2、C_3—离合器；B_1、B_2—制动器；F—单向离合器。

图 8-66 拉维纳式四挡行星齿轮机构的结构示意图

项目八 传动系工作过程分析

表8-2 拉维纳式四挡行星齿轮变速器换挡执行元件工作规律

操纵手柄位置	挡位	执行元件工作规律					
		C_1	C_2	C_3	B_1	B_2	F_1
D位	1挡	●					●
	2挡	●				●	
	3挡	●	●				
	4挡		●		●		
1位	1挡	●				●	
R位	倒挡		●		●		

注：●表示接合、制动或锁止。

拉维纳式行星齿轮机构结构紧凑，所用构件少，并且由于相互啮合的齿较多，故可传递较大的转矩，所以在许多轿车的自动变速器中采用这种结构。例如，丰田威驰 U540E 型、捷达 O1M 型四挡行星齿轮变速器都采用了这种形式。

（3）换挡执行机构

电控液力自动变速器的换挡执行机构包括离合器和制动器，如图 8-67 所示。

图 8-67 电控液力自动变速器的换挡执行机构

（4）液压控制系统

电控自动变速器中的液压控制系统主要控制换挡执行机构的工作，由液压泵、各种液压控制阀和液压管路等组成，如图 8-68 所示。

（5）电子控制系统

电控自动变速器中的电子控制系统与液压控制系统配合使用，通常把它们合称为电液控制系统。电子控制系统主要包括电子控制单元、各类传感器及执行器等。电子控制系统中的传感器及各种控制开关将发动机工况、车速等信号传递给电子控制单元，电子控制单元发出

· 45 ·

图 8-68 液压控制系统组成

指令给执行器，执行器和液压系统按一定的规律控制换挡执行机构工作，实现电控自动变速器自动换挡，如图 8-69 所示。

图 8-69 电子控制系统

2. 电控液力自动变速器的控制原理

电控液力自动变速器是通过传感器和开关监测汽车与发动机的运行状态，接受驾驶员的指令，将发动机转速、节气门开度、车速、发动机水温、自动变速器液压油温等参数转变为电信号，并输入电控单元（ECU）；ECU 根据这些信号，按照设定的换挡规律，向换挡电磁阀、油压电磁阀等发出电子控制信号；换挡电磁阀和油压电磁阀再将 ECU 发出的控制信号转变为液压控制信号，阀板中的各个控制阀根据这些液压控制信号，控制换挡执行机构的动作,从而实现自动换挡,如图8-70所示。

图8-70 电控液力自动变速器控制原理

3. 电控液力自动变速器挡位介绍

自动变速器换挡元件有按钮式和拉杆式两种类型,驾驶员可以通过其进行挡位选择。按钮式一般布置在仪表板上;拉杆式即换挡操纵手柄,可布置在转向柱上或驾驶室地板上,如图8-71所示。

图8-71 换挡操纵手柄在轿车上的布置
(a)布置在转向柱上;(b)布置在驾驶室地板上

自动变速器的换挡操纵手柄通常有4~7个位置,如本田车系有7个位置,分别为P、R、N、D4、D3、2、1,丰田车系操纵手柄的位置为P、R、N、D、2、L,日产车系操纵手柄的位置为P、R、N、D、2、1,欧美部分车系操纵手柄的位置为P、R、N、D、S、L和P、R、N、D、3、2、1等。

P挡:停车挡。当换挡操纵手柄置于该位置时,停车锁止机构将变速器输出轴锁止。

R挡:倒挡。操纵杆置于此位,液压系统倒挡油路被接通,驱动轮反转,实现倒挡行驶。

N挡:空挡。此时行星齿轮系统空转,不能输出动力。

发动机只有在换挡操纵手柄位于P或N位时,汽车才能起动,此功能靠空挡起动开关来实现。

D(D4)挡:前进挡。当换挡操纵手柄置于该位置时,液压系统控制装置根据节气门开度信号和车速信号自动接通相应的前进挡油路,行星齿轮系统在执行机构的控制下得到相应的传动比，随着行驶条件的变化，在前进挡中自动升降挡，实现自动变速功能。

3（D3）挡：高速发动机制动挡。操纵手柄位于该位时，液压控制系统只能接通前进挡中的一、二、三挡油路，自动变速器只能在这三个挡位间自动换挡，无法升入四挡，从而使汽车获得发动机制动效果。

2（S）挡：中速发动机制动挡。操纵手柄位于该位时，液压控制系统只能接通前进挡中的一、二挡油路，自动变速器只能在这两个挡位间自动换挡，无法升入更高的挡位，从而使汽车获得发动机制动效果。

L挡（也称1位）：低速发动机制动挡。此时发动机被锁定在前进挡的一挡，只能在该挡位行驶而无法升入高挡，发动机制动效果更强。此挡位多用于山区行驶、上坡加速或下坡时有效地稳定车速等特殊行驶情况，可避免频繁换挡，提高其使用寿命。

"2"和"L"挡又称为闭锁挡，另外有些车型的"3""2""1"或"S"挡也为闭锁挡。

三、双离合器自动变速器

双离合器式自动变速器是基于手动变速器发展而来的，其工作原理是通过将变速器挡位按奇、偶数分开布置，分别与两个离合器连接，通过切换两个离合器的工作状态，就可以完成换挡动作。

大众公司迈腾轿车6挡02E DSG变速器的工作原理如图8-72所示。主要组成有K1、K2两个湿式离合器，以及按奇、偶数挡位分别与两个离合器布置连接的变速器齿轮组。

在图8-73中，1挡、3挡、5挡、R挡与离合器K1连接在一起，2挡、4挡、6挡连接在离合器K2上。当车辆以某一个挡位运行时，下一个即将进入运行的挡位可以始终处于啮合状态；当达到下一个挡位的换挡点时，只需将正处于接合状态的离合器分离，将处于分离状态的离合器接合，即切换两个离合器的工作状态，就可以完成换挡动作。由于在两个离合器的切换过程中只会使发动机动力传递出现一个减弱的过程，而不需要完全切断动力传递，因此，DCT实现的是动力换挡，其换挡过程与AT的换挡过程基本类似。

图8-72 换挡操纵手柄示意图

图8-73 大众迈腾轿车6挡02E DSG变速器工作原理图

四、电控机械无级自动变速器

一汽-大众公司生产的奥迪 A6 轿车装备了电控机械无级变速器,其代号为01J,采用带/链传动。01J 电控机械无级变速器结构简图如图 8-74 所示。

图 8-74 01J 电控机械无级变速器结构

电控机械无级变速器与电控液力传动自动变速器相比,传动效率高,能充分发挥发动机动力,提高整车燃油经济性。从理论上讲,电控机械无级变速器可使发动机始终在经济工况下运行。

01J 电控机械无级变速器的传动简图如图 8-75 所示。发动机动力通过飞轮减振装置或双质量飞轮传递给变速器输入轴,输入轴动力通过行星齿轮机构、一对辅助变速齿轮传动组传递到传动链轮机构,通过传动链轮无级变速后,动力经过主减速器和差速器传递到驱动轮。

图 8-75 01J 电控机械无级变速器传动

01J 电控机械无级变速器的关键部件是由传动链实现的无级变速器。它可允许变速比在最小变速比和最大变速比之间无级调节。无级变速器由两个带锥面的盘体的主链轮装置（链轮装置1）和副链轮装置（链轮装置2）及工作于两个锥形链轮组之间 V 形槽内的专用传动链组成，传动链是动力传动装置，如图8-76所示。链轮装置1由发动机通过辅助减速齿轮驱动，发动机转矩通过传动链传递到链轮装置2，并由此传递给主减速器。每个链轮装置中的一个链轮可沿轴向移动，调整传动链的跨度尺寸和改变传动比。两组链轮装置必须同时进行调整，保证传动链轮始终处于张紧状态和有足够的接触传动压力。

行星齿轮传动机构采用一个双行星排，主要作用是实现前进挡和倒挡的转换，不改变传动比。

电子液压控制单元和变速器控制单元集成为一体，位于变速箱壳体内。

图8-76　01J 电控机械无级变速器传动

随堂测试

1. 电控自动变速器主要由_____、_____、_____、液压控制系统和电子控制系统五大部分组成。

2. 液力变矩器安装在_____与变速器之间，将发动机转矩传给变速器输入轴。它相当于普通汽车上的_____，但在传递力矩的方式上又不同于普通离合器。普通汽车离合器是靠_____传递力矩的，而液力变矩器是靠_____来传递力矩的，而且液力变矩器可改变发动机转矩，并能实现无级变速。

3. 电控自动变速器的电子控制系统主要包括_____、各类_____及_____等。

4. 双离合器式自动变速器是基于_____变速器发展而来的，其工作原理是通过将变速器挡位按_____分开布置，分别与两个离合器连接，通过切换两个离合器的工作状态，就可以完成换挡动作。

5. 电控机械无级变速器与电控液力传动自动变速器相比，传动效率_____，能充分发挥发动机动力，提高整车_____。从理论上讲，电控机械无级变速器可使发动机始终在经济工况下运行。

项目八 传动系工作过程分析

任务实施

任 务 工 单

任务名称：分析自动变速传动的工作过程			
姓名：		班级：	学号：
任务描述			请你就不同类型的自动变速器车辆绘制出动力传递路线图，讲解其自动变速的工作过程，在学习小组或班级里进行交流汇报
能力目标			1. 能够向客户在实际车辆上讲解自动变速器的工作过程、各部件的构造； 2. 能够对各形式的自动变速器进行比较分析； 3. 具有与客户沟通交流的能力； 4. 具备信息搜集和处理的能力
实施准备			1. 教学用自动变速器车辆或自动变速器实验台； 2. 自动变速器车辆或自动变速器相关资料； 3. 汇报用纸、笔等
实施步骤	自主学习		学习相关知识，个人绘制不同类型自动传动系动力传动路线简图
	小组讨论		以学习小组形式进行讨论与比较，形成小组汇报成果
	小组汇报		汇报小组成果，并通过角色扮演方式在实际车辆或自动变速器实验台上向客户讲解自动传动系工作过程； 按规范做好5S
自我反思			在专业能力、关键能力等方面的收获或体会：

· 51 ·

项目九

行驶系工作过程分析

汽车行驶系用于接收发动机经传动系传来的转矩，产生汽车行驶的驱动力。同时，承受汽车重量并传递各种力和力矩，缓和冲击和振动，保证汽车平顺行驶。汽车行驶系一般由车架、车桥、车轮和悬架等部分组成。

本项目包括分析车桥的结构、分析车轮与轮胎的结构及分析悬架的结构与工作过程三个任务。

任务 9-1　分析车桥的结构

学习内容

1. 汽车车桥的种类与功用；
2. 转向桥的结构与工作过程；
3. 转向驱动桥的结构与工作过程；
4. 支持桥的结构与工作过程；
5. 转向轮定位的工作原理。

能力要求

1. 能够向客户在实际车辆上讲解车桥的结构形式及工作过程；
2. 能够向客户讲解转向轮定位的内容与工作原理；

3. 树立以客户为中心的理念,增强服务意识;
4. 具有与客户沟通交流的能力;
5. 具备信息搜集和处理的能力。

车桥是汽车行驶系的重要组成部分。汽车行驶时,是由车桥来传递车架(或承载式车身)与车轮之间各方向的作用力及其力矩的,车桥的结构和车轮定位的参数直接影响汽车的操纵性能。你能够就某一车型向客户讲解车桥的结构与工作过程吗?

汽车使用过程中,由于种种原因会使转向轮的定位参数发生变化,汽车的操纵性能变差,甚至会影响行车安全。请你就某一型号车辆的车桥绘制一个该车桥结构简图和转向轮定位参数示意图,并讲解其工作过程,在学习小组或班级里进行交流汇报。

一、车桥的功用与种类

车桥俗称车轴,它通过悬架和车架(或承载式车身)相连,两端安装车轮,其功用是传递车架(或承载式车身)与车轮之间各方向的作用力及其力矩。

车桥根据悬架结构形式的不同,分为断开式和整体式两种。与独立悬架配合使用的是断开式车桥,为活动关节式结构;而与非独立悬架配合使用的是整体式车桥,其中部是刚性的实心或空心梁。

按照用途的不同,车桥又可分为转向桥、驱动桥、转向驱动桥和支持桥四种类型。一般汽车多以前桥为转向桥,转向桥和支持桥都属于从动桥;而后桥或中、后两桥多为驱动桥;越野汽车和多数轿车的前桥则为转向驱动桥。

二、转向桥

转向桥通常位于汽车前部,能使装在其两端的车轮偏转一定的角度,以实现汽车转向,同时还要承受车架与车轮之间的作用力及其产生的弯矩和转矩。转向桥同样也分为断开式和整体式两种。

1. 断开式转向桥

在轿车和微型客车上通常采用断开式转向桥,它与独立悬架相配置,组成了性能优良的转向桥。由于它有效地减少了非簧载质量,降低了发动机的高度,从而提高了汽车的行驶平顺性和操纵稳定性。

图9-1所示为断开式转向桥的结构图。该断开式转向桥（前桥）主要由车轮1、减震器2、上支点总成3、缓冲弹簧4、转向节5、大球头销总成6、横向稳定杆总成7、左右梯形臂8和13、主转向臂11、中臂15、左右横拉杆10和12、悬臂总成14等组成。其中有些臂、悬臂为薄钢板焊接结构，主转向臂与中臂是通过螺栓与橡胶衬套连接的，左、右转向梯形臂用大球头销总成6与悬臂总成14连接。该断开式转向桥和前述转向桥一样，在具有承载传力功能的同时，还应具有实现转向的功能，它与转向器配合，转向臂11、中臂15、纵拉杆16、左右横拉杆10和12、左右梯形臂8和13使车轮偏转，以实现汽车转向。

1—车轮；2—减震器；3—上支点总成；4—缓冲弹簧；5—转向节；6—大球头销总成；7—横向稳定杆总成；
8—左梯形臂；9—小球销头总成；10—左横拉杆；11—主转向臂；12—右横拉杆；13—右梯形臂；14—悬臂总成；
15—中臂；16—纵拉杆；17—纵拉杆球头；18—转向限位螺钉座；19—转向限位杆；20—转向限位螺钉。

图9-1 断开式转向桥结构

2. 整体式转向桥

载货汽车普遍采用整体式转向桥，其结构基本相同，主要由前轴、转向节、主销等组成，如图9-2所示。

（1）前轴

前轴是转向桥的主体，一般由中碳钢经模锻而成。其端面采用工字形断面，以提高抗弯强度；接近两端逐渐过渡为方形，以提高抗扭刚度。中部加工出两处用于支承钢板弹簧的弹簧座，其上钻有四个安装U形螺栓（俗称骑马螺栓）的通孔和一个位于中心的钢板弹簧定位凹坑。中部向下弯曲，使发动机位置得以降低，从而降低汽车质心，扩展驾驶员视野，并减小传动轴与变速器输出轴之间的夹角。

（2）转向节

转向节是一个叉形部件。上、下两叉制有同轴销孔，通过主销与前轴相连，使前轮可以绕主销偏转一定角度而使汽车转向。为了减小磨损，转向节销孔内压入青铜衬套，衬套上的润滑油槽在上面端部是切通的，用装在转向节上的油嘴注入润滑脂润滑。为使转向灵活轻

项目九 行驶系工作过程分析

1—制动鼓；2—轮毂；3、4—轮毂轴承；5—转向球头销；
6—油封；7—衬套；8—主销；9—推力轴承；10—前轴

图9-2 整体式转向桥结构

便，在转向节下耳与前轴拳部之间装有滚子推力轴承。

（3）主销

主销的作用是铰接前轴及转向节，使转向节绕着主销摆动，以实现车轮的转向。主销的中部切有凹槽，安装时用主销固定螺栓与它上面的凹槽配合，将主销固定在前轴的拳形孔中。主销与转向节上的销孔是间隙配合，以便实现转向。

三、转向驱动桥

前轮驱动汽车和全轮驱动（4WD）汽车的前桥，既起转向桥的作用，又兼起驱动桥的作用，故称为转向驱动桥。

1. 断开式转向驱动桥

轿车普遍采用的是断开式、独立悬架转向驱动桥。图9-3所示为典型的轿车前桥总成。

车桥上端通过左、右悬架与承载式车身相连接，下端通过左、右下摆臂与固定在车身上的副车架相连接。悬架车轮轴承壳与下摆臂之间通过可移动球形接头连接，从而使前轮固定，并可通过下摆臂上的长

图9-3 轿车典型的转向驱动桥

孔调整车轮外倾角。为了减小车辆转向时的车身倾斜，在副车架与下摆臂之间还装有横向稳定器。

汽车的动力由主减速器、差速器经传动半轴驱动车轮旋转。传动半轴总成如图9-4所示。

图9-4 传动半轴总成

2. 整体式转向驱动桥

整体式转向驱动桥如图9-5所示。它同一般驱动桥一样，由主减速器、差速器、半轴、半轴套管和主减速器壳等组成。但由于转向时转向车轮需要绕主销偏转一个角度，故与转向轮相连的半轴必须分成内外两段（内半轴和外半轴），其间用万向节（一般多用等角速万向节）连接，同时，主销也因此而分制成两段（或用球头销代替）。转向节轴颈部分做成中空的，以便外半轴穿过其中。

图9-5 整体式转向驱动桥示意

四、支持桥

支持桥属于从动桥。有些单桥驱动的三轴汽车，中桥或后桥是支持桥，挂车上的车桥也是支持桥。图9-6所示为轿车典型后支持桥。这种后支持桥采用的是四连杆式非独立悬架，它主要由后轴1、纵臂2、横向推力杆3、支撑臂4、下端安装于后轴头上的减震器5和套装在减震器上的螺旋弹簧6等部件所组成。后轴两端连接着轮毂轴，其上装有制动器总成。

1—后轴；2—纵臂；3—横向推力杆；4—支撑臂；5—减震器；6—螺旋弹簧。

图 9-6 轿车典型后支持桥

五、转向轮定位

为了保证汽车直线行驶的稳定性和操纵的轻便性，减少轮胎和其他机件的磨损，转向轮、转向节和前轴三者与车架的安装应保持一定的相对位置关系，这种安装位置关系称为转向车轮定位，也称前轮定位。

转向轮定位包括前轮外倾、主销后倾、主销内倾及前束四个参数。

对于装有主销的转向桥，汽车转向时，转向车轮会围绕主销轴线偏转，如图 9-7（a）所示。但在大多数断开式转向桥中没有主销，而是采用上、下球头销代替主销，上、下球头销球头中心的连心线相当于主销轴线，如图 9-7（b）所示。

图 9-7 主销的不同形式

1. 主销后倾

主销安装在前轴上，其上端略向后倾斜，这种现象称为主销后倾，如图 9-8 所示。在垂直于汽车支承平面的纵向平面内，主销轴线与汽车支承平面垂线之间的夹角，叫作主销后倾角。

图 9-8 主销后倾

主销后倾的作用是形成回正力矩，保证汽车直线行驶的稳定性，并使汽车转向后回正操纵轻便。

主销后倾，使主销轴线的延长线与地面的交点 a 位于车轮与路面的接触点 b 之前，a、b 两点之间的距离称为主销后倾移距。设 b 点到主销轴线延长线之间的距离为 l，汽车直线行驶时，若转向轮偶然受到外力作用而偏转（图 9-8 中所示为向右偏转），汽车将偏离行驶方向而右转弯。由于汽车本身离心力的作用，在轮胎与路面接触点 b 处将产生一个路面对车轮的侧向反作用力 F_y，由于反作用力 F_y 没有通过主销轴线，因而形成了一个使车轮绕主销轴线旋转的力矩 $F_y l$，其方向正好与车轮偏转方向相反，在力矩作用下，使车轮具有回复到原来中间位置的作用，从而保证了汽车直线行驶的稳定性。同理，在汽车转向后的回正过程中，此力矩具有帮助驾驶员使转向车轮回正的作用，使汽车转向后回正操纵轻便。

主销后倾角越大、车速越高，回正力矩越大，转向轮偏转后自动回正的能力也越强。但主销后倾角也不宜过大，一般不超过 2°～3°，否则，在转向时，为了克服此力矩，驾驶员需在转向盘上施加较大的力，使转向沉重。

此外，有些汽车由于采用超低压轮胎，弹性增加，转向时因轮胎弹性变形而使轮胎与路面的接触点后移，使回正力矩增加，故主销后倾角可以减小，甚至为负值（即主销前倾）。

主销后倾角一般是将前轴连同悬架安装在车架上时，使前轴向后倾斜而形成的。

2. 主销内倾

主销安装在前轴上，其上端略向内侧倾斜，这种现象称为主销内倾。在垂直于汽车支承平面的横向平面内，主销轴线与汽车支承平面垂线之间的夹角 β 称为主销内倾角，如图 9-9 所示。

主销内倾的作用：

(1) 主销内倾具有使转向轮转向操纵轻便的作用

如图 9-9（a）所示，由于主销内倾，使主销轴线的延长线与地面的交点至车轮中心平面与地面交点之间的距离 c 缩短，转向时，路面作用在转向轮上的阻力对主销轴线产生的力矩减小，从而可减小转向时驾驶员施加在转向盘上的力，使转向操纵轻便。同时，还可以减小因路面不平而从转向轮传到转向盘上的冲击力。

(2) 主销内倾具有使转向轮自动回正的作用

如图 9-9（b）所示，当转向轮在外力作用下绕主销旋转（为了解释方便，假设旋转 180°，即由图 9-9（b）中左边位置转到右边位置）而偏离中间位置时，由于主销内倾，车轮的最低点将陷入路面以下 h 处，即车轮必须将路面压低距离 h 后才能旋转过来，但实际上路面不可能被压低，车轮下边缘不可能陷入路面之下；而是车轮连同整个汽车前部被向上抬起相应高度 h。一旦外力消失，转向轮就会在汽车前部重力作用下力图自动回正到旋转前的中间位置。主销内倾角越大，转向轮偏转角越大，汽车前部就抬起得越高，转向轮自动回正的作用就越大。

图 9-9 主销内倾

主销内倾角既不宜过大，也不宜太小。主销内倾角过大（偏置 c 减小），转向时，车轮在滚动的同时将与路面产生较大的滑动，增加轮胎与路面的摩擦阻力，这不仅使转向沉重，而且加速了轮胎的磨损，故主销内倾角一般不大于 8°，偏置一般为 40～60 mm；主销内倾角过小（偏置增大），汽车行驶的稳定性和制动稳定性将变差。在一些发动机前置前轮驱动的轿车上，为了使汽车具有良好的行驶稳定性，特别是制动稳定性，其主销内倾角均较大。

整体式转向桥的主销内倾角是在制造前轴时将销孔轴线上端向内倾斜而获得的。

主销后倾和主销内倾都具有使车轮自动回正及保证汽车直线行驶稳定性的作用，但其区别在于：主销后倾角的回正作用随着车速的增高而增大，而主销内倾的回正作用几乎与车速无关。

3. 车轮外倾

转向轮安装在转向节上时，其旋转平面上端向外倾斜，这种现象称为转向车轮外倾。车轮旋转平面与垂直于车辆支承面的纵向平面之间的夹角 α 称为车轮外倾角，如图 9-10 所示。

车轮外倾角的作用是提高车轮工作的安全性和转向操纵的轻便性。由于主销与衬套之间、轮毂与轴承等处都存在着装配间隙，若空车时车轮的安装正好垂直于路面，则满载时上述间隙将发生变化，车桥也因承载而变形，从而引起车轮向内倾斜。车轮内倾将使路面对车轮的垂直反作用力的轴向分力压向轮毂外端的小轴承，使该轴承及其锁紧螺母等承受的载荷增大，降低了它们

图 9-10 车轮外倾

的使用寿命,严重时会损坏锁紧螺母而使车轮脱落。为此,安装车轮时要预先留有一定的外倾角,以防止上述不良影响。车轮外倾与主销内倾相配合,可进一步缩短距离 c,如图 9-9 (a)所示,使汽车转向轻便。此外,车轮有一定的外倾角也可以与拱形路面相适应。但车轮外倾角不宜过大,否则会使轮胎产生偏磨损。一般前轮外倾角为 1°左右。

有的汽车的前轮外倾角也为负值,这样在汽车转向时,可避免车身过分倾斜。

4. 前轮前束

车轮安装在车桥上,两前车轮的中心平面不平行,其前端略向内侧收束,这种现象称为前轮前束。两前轮后端距离 A 大于前端距离 B,其差值称为前轮前束值,如图 9-11 所示。

图 9-11 前轮前束

前轮前束的作用是消除因车轮外倾所造成的不良后果,保证车轮不向外滚动,防止车轮侧滑和减轻轮胎的磨损。

由于车轮外倾,汽车行驶时,两个车轮的滚动类似于两个锥体的滚动,其轨迹不再是直线,而是逐渐向各自的外侧滚开,如图 9-12 所示。但因受车桥和转向横拉杆的约束,两侧车轮不可能向外滚开,这样,车轮在路面上滚动行驶的同时,又被强制地拉向内侧,产生向内的侧滑,从而加剧轮胎的磨损。有了前束,车轮滚动的轨迹是向内侧偏斜,只要前束值与车轮外倾角配合适当,车轮向内、外侧滚动的偏斜量就会相互抵消,使车轮每一瞬间的滚动方向都朝着正前方,从而消除了侧滑,减轻了轮胎的磨损。

图 9-12 车轮外倾产生的车轮运动示意

前轮前束值可以通过改变转向横拉杆的长度来调整,一般前束值为 0~12 mm。

随堂测试

1. 车桥俗称车轴，它通过_____和车架（或承载式车身）相连，两端安装_____，其功用是传递车架（或承载式车身）与车轮之间各方向的作用力及其力矩。

2. 车桥根据悬架结构形式的不同，分为_____式和_____式两种，与独立悬架配合使用的是断开式车桥，为_____式结构。

3. 按照用途的不同，车桥又可分为_____、_____、_____和_____四种类型。

4. 转向轮定位包括_____、_____、_____及_____四个参数。

5. 主销后倾和主销内倾都具有使车轮_____及保证汽车直线行驶稳定性的作用，主销后倾角的回正作用随着车速的增高而_____。

6. 前轮前束值可以通过改变_____的长度来调整。

汽车构造(下册)——底盘构造

任务实施

任 务 工 单

任务名称：分析车桥的结构				
姓名：		班级：		学号：
任务描述	请你就某一型号车辆绘制一个该车车桥结构简图和转向轮定位参数示意图，并讲解其工作过程，在学习小组或班级里进行交流汇报			
能力目标	1. 能够向客户在实际车辆上讲解车桥的结构形式及其工作过程； 2. 能够向客户讲解转向轮定位的内容与工作原理； 3. 树立以客户为中心的理念，增强服务意识； 4. 具有与客户沟通交流的能力； 5. 具备信息搜集和处理的能力			
实施准备	1. 教学用车辆或行驶系实验台； 2. 车辆和行驶系相关资料； 3. 汇报用纸、笔等			
实施步骤	自主学习	学习相关知识，个人绘制车桥结构简图和转向轮定位参数示意图，并讲解其工作过程		
	小组讨论	以学习小组形式进行讨论，形成小组汇报成果		
	小组汇报	汇报小组成果，并通过角色扮演方式在实际车辆或行驶系实验台上向客户讲解车桥结构和转向轮定位参数的内容； 规范做好5S		
自我反思	在专业能力、关键能力等方面的收获或体会：			

| 项目九　行驶系工作过程分析 |

任务 9-2　分析车轮与轮胎的结构

学习内容

1. 车轮的种类与结构；
2. 轮胎的种类与结构；
3. 轮胎型号的含义。

能力要求

1. 能够向客户详细讲解车轮的结构与种类；
2. 树立以客户为中心的理念，增强服务意识；
3. 具有与客户沟通交流的能力；
4. 具备信息搜集和处理的能力。

车轮与轮胎是汽车行驶系统中的重要部件，其功用是支承整车；缓和由路面传来的冲击力；通过轮胎同路面间的附着作用来产生驱动力和制动力；汽车转弯行驶时产生平衡离心力的侧抗力，在保证汽车正常转向行驶的同时，通过车轮产生的自动回正力矩，使汽车保持直线行驶方向；承担提高通过性等的作用。

任务描述

车轮与轮胎是汽车使用过程中的易损部件，它的性能直接影响行车安全。请你就某一型号车辆配备的车轮与轮胎讲解其结构特点，识别轮胎型号及含义，在学习小组或班级里进行交流汇报。

相关知识

一、车轮的种类与结构

车轮一般由轮毂、轮辋及连接它们的辐板（或辐条）组成，是介于轮胎和车轴之间承受负荷的旋转组件。轮辋是在车轮上安装和支承轮胎的部件，轮辐是在车轮上将轮辋和轮毂

· 63 ·

连接起来的部件。

1. 车轮的类型

按轮辐的构造不同，车轮可分为辐板式和辐条式。普通轿车和轻、中型货车上广泛采用辐板式车轮，而高级轿车、竞赛汽车多采用辐条式车轮。此外，还有对开式车轮、可反装式车轮、组装轮辋式车轮和可调式车轮等。

（1）辐板式车轮

辐板式车轮如图9-13所示。其由挡圈、辐板、轮辋和气门嘴伸出口等组成。用于连接轮毂和轮辋的钢质圆盘称为辐板。辐板大多是冲压制成的，少数是和轮辋铸成一体的，后者主要用于重型汽车。轿车的车轮辐板所用板料较薄，常冲压成起伏多变的形状，以提高刚度。

为了防止汽车在行驶中固定辐板的螺母自行松脱，汽车两侧车轮上的辐板固定螺栓，一般采用旋向不同的螺纹，左侧用左旋螺纹，右侧用右旋螺纹。

（2）辐条式车轮

对于装载质量较大的重型汽车来说，多采用铸造辐条式车轮，如图9-14所示。轮辋是用螺栓和特殊形状的衬块固定在辐条上的，为了使轮辋与辐条很好地对中，在轮辋和辐条上都加工出配合锥面。

图9-13 辐板式车轮

图9-14 辐条式车轮

也有采用像自行车用的钢丝作为辐条的车轮，由于这种车轮质量小，价格高昂，维修安装不便，故仅用于赛车和某些高级轿车上。图9-15所示为轿车的车轮，轮胎装在钢制轮辋上，钢制轮辋上还装有平衡块及夹子，轮辋和辐条连接在一起，并通过车轮螺栓将其安装在车轮轮毂或制动鼓上，再一起通过轴承装在车轴上，然后在辐条的外面装上车轮装饰罩。

2. 轮辋的类型

轮辋的常见形式主要有两种：深槽轮辋和平底轮辋，如图9-16所示。此外，还有对开式轮辋、平底宽轮辋、半深槽轮辋、深槽宽轮辋、全斜底轮辋等。

项目九 行驶系工作过程分析

图 9-15 轿车车轮总成

图 9-16 轮辋断面形式
(a) 深槽宽轮辋；(b) 平底宽轮辋；(c) 对开式轮辋

(1) 深槽宽轮辋

深槽宽轮辋如图 9-16 (a) 所示。它是整体的，主要用于轿车及轻型越野汽车。它有带肩的凸缘，用于安放外胎的胎圈。为便于外胎的拆装，将轮辋的断面中部制成深凹槽。深槽轮辋的结构简单，刚度大，质量较小。对于小尺寸、弹性较大的轮胎最适宜，尺寸较大、较硬的轮胎则很难装进这样的整体轮辋内。

(2) 平底宽轮辋

平底轮辋如图 9-16 (b) 所示。它是我国货车常用的一种形式。其中部是平直的，一侧有凸缘，另一侧以可拆的挡圈作凸缘，而且用一个开口锁圈来防止挡圈脱出。在安装轮胎时，先将轮胎套在轮辋上，而后套上挡圈，并将它向内推，直至越过轮辋上的环形槽，再将开口的弹性锁圈嵌入环形槽中。

(3) 对开式轮辋

对开式轮辋如图 9-16 (c) 所示。这种轮辋由内、外两部分组成，用螺栓连成一体，其内、外轮辋的宽度可以相等，也可以不相等，拆装轮胎时，拆卸螺母即可，挡圈是可拆的。有的无挡圈，而由与内轮辋制成一体的轮缘代替挡圈的作用，内轮辋与辐板焊接在一起。

轮辋是轮胎的装配基础。当轮胎装入不同轮辋时，其变形位置与大小也发生变化，因此，每一种规格的轮胎最好配用规定的标准轮辋，必要时也可配用规格与标准轮胎相近的轮

· 65 ·

辋（容许轮辋）。如果轮辋使用不当，会造成轮胎早期损坏，特别是使用在过窄的轮辋上时。

二、轮胎的种类与结构

1. 轮胎的作用

承受汽车的重力，与汽车悬架共同来缓和汽车行驶时所受到的冲击，并衰减由此产生的振动，以保证汽车有良好的乘坐舒适性和行驶平顺性；保证车轮和路面间有良好的附着性，以提高汽车的牵引性、制动性和通过性。

2. 轮胎的类型

汽车轮胎按胎体结构不同，可分为充气轮胎和实心轮胎。现代汽车绝大多数采用充气轮胎。充气轮胎按组成结构不同，又分为有内胎轮胎和无内胎轮胎两种。汽车轮胎按用途，可分为载货汽车轮胎和轿车轮胎，而载货汽车轮胎又分为重型、中型和轻型载货汽车轮胎。充气轮胎按胎体中帘线排列的方向不同，还可分为普通斜交胎和子午线胎。

3. 充气轮胎的构造

（1）有内胎的充气轮胎

有内胎的充气轮胎如图 9-17 所示。这种轮胎一般由外胎、内胎和内衬垫组成。外胎是用于保护内胎，使其不受外来损害的，强度高而富有弹性的外壳。与地面的接触部分为外胎面，也称胎冠，是轮胎的主要工作部分。胎冠与胎侧的过渡部分为胎肩。轮胎与轮辋相接触部分称为胎缘。胎缘内部有钢丝圈。外胎内侧为胎体，也称帘布层；胎体与胎冠之间为缓冲层，也称带束层。内

图 9-17 有内胎的充气轮胎构造

胎中充满着压缩空气，按胎内的空气压力大小，充气轮胎可分为高压胎、低压胎和超低压胎三种。一般气压在 0.5~0.7 MPa 者为高压胎；0.15~0.45 MPa 者为低压胎；0.15 MPa 以下者为超低压胎。垫带放在内胎与轮辋之间，防止内胎被轮辋及外胎的胎圈擦伤和磨损。

现代汽车几乎都采用低压胎。因为低压胎弹性好，断面宽，与道路接触面积大，壁薄而散热性良好。这些特点提高了汽车行驶平顺性、转向操纵的稳定性。

（2）无内胎的充气轮胎

无内胎轮胎在结构和外观上与有内胎轮胎的相似，所不同的是，它没有内胎，空气被直接压入外胎中，因此要求外胎和轮辋之间有很好的密封性。无内胎轮胎的外胎内壁上附加了一层厚 2~3 mm 的专门用来封气的橡胶气密层，如图 9-18 所示，它是用硫化的方法黏附上去的。在气密层正对着胎面下面贴着一层用未硫化橡胶的特殊混合物制成的自粘层。自粘层能自行将刺穿的孔黏合，故称为有自粘层的无内胎轮胎。

气门嘴直接固定在轮辋上，其间垫以密封用的橡胶密封衬垫。无内胎轮胎的优点是：无内胎轮胎只有在轮胎爆破时才会失效。而在穿孔时，压力不会急剧下降，能安全地继续行驶；无内胎轮胎中不存在因内外胎之间摩擦和卡住而引起的损坏；气密性较好，可以直接通过轮辋散热，所以工作温度低，使用寿命长，结构简单，质量较小。

项目九 行驶系工作过程分析

图9-18 无内胎的充气轮胎构造

(3) 子午线轮胎的构造

子午线轮胎在汽车上应用最广泛，下面主要介绍子午线轮胎。子午线轮胎的构造如图9-19所示。它由胎圈、帘布层、带束层、胎冠和胎肩组成，并以带束层箍紧胎体。其特点是：①帘线排列的方向与轮胎的子午断面一致，使帘线的强度能得到充分利用，子午线轮胎的帘布层数一般比普通斜交胎减少一半，胎体较柔软，弹性好。②帘布层帘线与胎面中心线呈90°角，帘线在圆周方向上只靠橡胶来联系，为了承受行驶时产生的较大切向力，子午线胎具有若干层帘线与子午断面呈大角度（夹角为70°~75°）、高强度、不易拉伸的周向环形的类似缓冲层的带束层。带束层通常采用强度较高、拉伸变形小的织物帘布（如玻璃纤维、聚酰胺纤维等材料）或钢丝帘布制造。

子午线轮胎和普通斜交轮胎的结构比较如图9-20所示。子午线轮胎基本骨架的胎体帘线排列成辐射状，所以胎侧部分柔软。但是，由于胎面内侧有带束层，从而提高了外胎面（胎冠）的刚度。而普通斜交胎是由胎体构成轮胎的骨架，因而从外胎面（胎冠）到胎侧的柔软度是均匀的。

1—带束层；2—帘布层；3—胎圈；
4—胎冠；5—胎侧；6—胎肩。

图9-19 子午线轮胎构造

图9-20 子午线轮胎和普通斜交轮胎结构的比较
(a) 子午线轮胎；(b) 普通斜交轮胎

综上可知，子午线轮胎的优点是：①因帘布层数少，胎侧薄，所以散热性能好。②胎冠较厚且有坚硬的带束层，不易刺穿，行驶时变形小，可降低油耗3%~8%。③接地面积大，附着性能好，胎面滑移小，对地面单位压力也小，因而滚动阻力小，使用寿命长。④径向弹性大，缓冲性能好，负荷能力较大。⑤在承受侧向力时，接地面积基本不变，故在转向行驶和高速行驶时稳定性好。

它的缺点是：胎侧过渡区易裂口，制造技术要求高，成本高。

4. 轮胎胎面花纹

轮胎胎面花纹对轮胎的性能影响很大。目前主要有普通花纹、越野花纹和混合花纹等，如图9-21所示。普通花纹的特点是花纹细而浅，花纹块接地面积大，因而耐磨性和附着性较好，适用于较好的硬路面。其中的纵向花纹，轿车和货车均可选用；横向花纹仅用于货车。越野花纹的特点是凹部深而宽，在软路面上与地面附着性好，越野能力强，适用于经常在松软路面上使用的越野汽车。混合花纹的特点介于上述两者之间，兼顾了两者的使用要求，适用于在城乡之间的路面上行驶的汽车，现代货车驱动轮胎也多采用这种花纹。

图9-21 轮胎胎面花纹
（a）普通花纹；（b）越野花纹；（c）混合花纹

5. 轮胎规格标记方法

充气轮胎尺寸的标记如图9-22所示。D为轮胎名义外径、d为轮辋名义直径、H为轮胎断面高度、B为轮胎断面宽度。H与B之比称为轮胎的高宽比（以百分比表示），$H/B \times 100\%$ 称为轮胎的扁平率。扁平率经圆整后，用其值$\times 100$来表示，一般是5的倍数，如轿车子午线轮胎有60、65、70、75、80等几个系列。轮胎的扁平率越小，说明轮胎的断面越宽，故扁平率小的轮胎称为宽断面轮胎。宽断面轮胎的优点是，断面宽，接地面积大，接地比压小，磨损减小，滚动阻力也小，抗侧向稳定性强。因此，在相同承载能力下，宽断面轮胎较普通轮胎的直径可以减小，其在高速轿车上得到广泛应用。

D—轮胎外径；d—轮胎内径；H—轮胎断面高度；
B—轮胎断面宽度。

图9-22 充气轮胎尺寸标记

国际标准化组织（ISO）规定新轮胎规格标志由下面的内容组成：
① 轮胎名义断面宽度，单位为mm；
② 轮胎名义高宽比；
③ 轮胎结构标志；

④轮辋名义直径,单位为 in;
⑤负荷指数;
⑥速度级别。

例如,9.00-20 表示断面宽度为 9 in,轮辋直径为 20 in。如为子午线轮胎,则以 9.00R20 作标记。

例如,国产红旗轿车装用 185/80R1490S 型轮胎。其中,"185"表示轮胎名义断面宽度为 185 mm,"80"表示轮胎名义高宽比（$H/B=0.80$）,"R"表示子午线轮胎,"14"表示轮辋名义直径为 14 in,"90"表示负荷指数,"S"表示速度级别（最高行驶速度为 180 km/h）。

表 9-1 表示不同结构及不同名义直径轮胎的最高行驶速度。

表 9-1　不同结构及不同名义直径轮胎的最高行驶速度

轮胎结构	速度级别	不同名义直径轮胎的最高行驶速度/(km·h^{-1})		
		10 in	12 in	≥13 in
普通斜交轮胎	P	120	135	150
子午线轮胎	Q	135	145	160
子午线轮胎	S	150	165	180
子午线轮胎	H	—	195	210

随堂测试

1. 车轮一般由_____、_____及连接它们的_____组成,是介于轮胎和车轴之间承受负荷的旋转组件。

2. 现代汽车绝大多数采用充气轮胎。充气轮胎按组成结构不同,又分为_____轮胎和_____轮胎两种。

3. 与普通斜交胎相比,子午线轮胎的帘布层数_____,胎侧_____,所以散热性能好;胎冠较_____且有坚硬的带束层,不易刺穿,行驶时变形_____,可降低油耗。

4. 轮胎胎面花纹对轮胎的性能影响很大。目前主要有_____花纹、_____花纹和_____花纹等。

汽车构造(下册)——底盘构造

任务实施

任 务 工 单

任务名称：分析车轮与轮胎的结构		
姓名：	班级：	学号：
任务描述	请你就某一型号车辆配备的车轮与轮胎讲解其结构特点，识别轮胎型号及含义，在学习小组或班级里进行交流汇报	
能力目标	1. 能够向客户详细讲解车轮的结构与轮胎型号的含义； 2. 树立以客户为中心的理念，增强服务意识； 3. 具有与客户沟通交流的能力； 4. 具备信息搜集和处理的能力	
实施准备	1. 教学用车辆或车轮与轮胎； 2. 汇报用纸、笔等	
实施步骤	自主学习	学习相关知识，在教学车辆上识别车轮结构与轮胎型号，讲解轮胎型号的含义
	小组讨论	以学习小组形式进行讨论，形成小组汇报成果
	小组汇报	汇报小组成果； 规范做好5S
自我反思	在专业能力、关键能力等方面的收获或体会：	

项目九 行驶系工作过程分析

任务9-3　分析悬架的结构与工作过程

学习内容

1. 汽车悬架的主要部件；
2. 非独立悬挂；
3. 独立悬挂；
4. 电控悬架的结构与工作过程。

能力要求

1. 能够向客户讲解悬架的结构形式及其工作过程；
2. 能够比较不同悬架系统的优缺点；
3. 树立以客户为中心的理念，增强服务意识；
4. 具有与客户沟通交流的能力；
5. 具备信息搜集和处理的能力。

任务引入

悬架是汽车行驶系的重要组成部分。它能够缓和衰减汽车在行驶中产生的冲击及振动，以保证汽车的正常行驶，它直接影响汽车的舒适性、操作稳定性等。你能够就某一车型向客户讲解悬架的结构与工作过程吗？

任务描述

汽车行驶通过不平的坑洼路面时，都会产生不同程度的振动（晃动），对不同车辆而言，振动程度也会存在差异，这种差异反映的就是车辆悬架系统性能的差异。请你就某一型号车辆绘制一个悬架结构简图，讲解其工作过程，并能够对不同悬架系统进行比较，在学习小组或班级里进行交流汇报。

相关知识

一、悬架的功用、组成与分类

1. 悬架的功用

悬架的功用是把路面作用于车轮上的法向反力（支持力）、切向反力（牵引力和制动

· 71 ·

力）、侧向反力及这些反力所造成的力矩都传递到车架（或承载式车身）上，缓和并衰减汽车在行驶中产生的冲击及振动，以保证汽车的正常行驶。

2. 悬架的组成

汽车的悬架如图9-23所示。一般是由弹性元件、减震器和导向机构三部分组成。在汽车行驶系统中，为了缓和冲击，除了采用弹性的充气轮胎之外，在悬架中还必须装有弹性元件，使车架（或车身）与车桥（或车轮）之间做弹性连接。但弹性系统在受到冲击后，将产生振动。持续的振动也会使乘员感到不舒适和疲劳。故悬架还应具有减振作用。为此，汽车悬架中都设有专门的减震器。车轮相对于车架和车身跳动时，车轮（特别是转向轮）的运动轨迹应符合一定的要求。因此，悬架中某些传力构件同时还承担着使车轮按一定轨迹相对于车架和车身跳动的任务，因而这些传力构件还起导向作用，故称导向机构。

3. 悬架的分类

汽车悬架可分为非独立悬架和独立悬架两大类，如图9-24所示。非独立悬架的结构特点是两侧的车轮由一根整体式车桥相连。当一侧车轮因道路不平而发生跳动时，必然引起另一侧车轮在汽车横向平面内摆动，故称为非独立悬架。而独立悬架的结构特点是车桥做成断开的，两侧车轮可以单独地通过弹性悬架与车架（或车身）连接，单独跳动，互不影响，故称为独立悬架。

图9-23 汽车悬架组成示意图

图9-24 非独立悬架与独立悬架示意图
(a) 非独立悬架；(b) 独立悬架

二、汽车悬架的主要部件

1. 弹性元件

（1）钢板弹簧

钢板弹簧如图9-25所示，它是载货汽车悬架中应用最广泛的一种弹性元件，是由若干片等宽但不等长的合金弹簧片组合而成的近似等强度的弹性梁。

项目九　行驶系工作过程分析

图 9-25　钢板弹簧

钢板弹簧的第一片（最长的一片）称为主片，其两端弯成卷耳，内装衬套，以便用弹簧销与固定在车架上的支架或吊耳做铰链连接。钢板弹簧的中部一般用 U 形螺栓固定在车桥上。

中心螺栓用于连接各弹簧片，并保证装配时各片的相对位置。中心螺栓距两端卷耳中心的距离可以相等，称为对称式钢板弹簧；也可以不相等，称为非对称式钢板弹簧。

钢板弹簧既起缓冲作用，又起导向作用。而且，一般钢板弹簧是多片叠成的，它本身即具有一定的减振能力，所以，在一些货车中采用钢板弹簧作为弹性元件的悬架中，可以不装减震器。

（2）螺旋弹簧

螺旋弹簧如图 9-26 所示，它广泛地应用于独立悬架，特别是前轮独立悬架中。其优点是：无须润滑，不忌泥污；安置它所需的纵向空间不大；弹簧本身质量小。

螺旋弹簧本身没有减振作用，因此，在螺旋弹簧悬架中必须另装减震器。此外，螺旋弹簧只能承受垂直载荷，故必须装设导向机构，以传递垂直力以外的各种力和力矩。

螺旋弹簧用弹簧钢棒料卷制而成，可做成等螺距或变螺距。前者刚度不变，后者刚度是可变的。

图 9-26　螺旋弹簧
（a）等螺距螺旋弹簧；（b）变螺距螺旋弹簧

（3）扭杆弹簧

扭杆弹簧本身是一根由弹簧钢制成的杆，如图 9-27 所示。扭杆断面通常为圆形，少数为矩形或管形。其两端形状可以做成花键、方形、六角形或带平面的圆柱形等，以便一端固定在车架上，另一端固定在悬架的摆臂上。摆臂则与车轮相连。当车轮跳动时，摆臂便绕着扭杆轴线而摆动，使扭杆产生扭转弹性变形，借以保证车轮与车架的弹性联系。

图 9-27　扭杆弹簧

· 73 ·

扭杆弹簧单位质量的储能量是钢板弹簧的3倍,比螺旋弹簧的高。因此,采用扭杆弹簧的悬架质量较小,结构比较简单,也不需要润滑,并且通过调整扭杆弹簧固定端的安装角度,易实现车身高度的自动调节。左、右扭杆弹簧不能互换,为此,左、右扭杆刻有不同的标记。

(4) 气体弹簧

气体弹簧是在一个密封的容器中充入压缩气体(气压为 0.5~1.0 MPa),利用气体的可压缩性实现其弹簧作用。这种弹簧的刚度是可变的,因为作用在弹簧上的载荷增加时,容器内的定量气体受压缩,气压升高,则弹簧的刚度增大;反之,载荷减小时,弹簧内的气压下降,刚度减小,故它具有较理想的弹性特性。

气体弹簧有空气弹簧和油气弹簧两种。

①空气弹簧。空气弹簧又有囊式和膜式之分。图9-28(a)、(b) 所示为囊式空气弹簧,它由夹有帘线的橡胶气囊和密闭在其中的压缩空气所组成。气囊的内层用气密性的橡胶制成,而外层则用耐油橡胶制成。气囊一般做成两节,但也有单节或3、4节的。节数越多,弹性越好。节与节之间围有钢质的腰环,使中间部分不致有径向扩张,并防止两节之间相互摩擦。气囊的上、下盖板将气囊密闭。

图 9-28 空气弹簧
(a)、(b) 囊式空气弹簧;(c)、(d) 膜式空气弹簧

膜式空气弹簧的密闭气囊由橡胶膜片和金属压制件组成。与囊式的相比,其弹性特性曲线比较理想,因其刚度较囊式小,车身自然振动频率较低;并且尺寸较小,在车上便于布置,故多用在轿车上。

②油气弹簧。一般是由气体弹簧和相当于液力减震器的液压缸组成。气体作为弹性介

质，油液作为传力介质。油气弹簧的形式有单气室、双气室（带反压气室）及两级压力式等。

单气室油气弹簧又分为油气分隔式和油气不分隔式两种。前者可防止油液乳化，并且便于充气。

图 9-29 所示为一种轿车和轻型汽车上用的单气室油气分隔式油气弹簧。上、下半球室构成的球形气室固装在工作缸上，球形气室的内腔用橡胶油气隔膜隔开，上半球室充入高压氮气，下半球室通过减震器阻尼阀与工作缸的内腔相通，并充满了工作油液（减震器油）。油气隔膜的作用在于把作为弹性介质的高压氮气和工作油液分开，以避免工作油液乳化，同时也便于充气和保养。工作缸固定在车身（车架）上，其活塞与导向缸连成一体，悬架活塞杆的下端与悬架的摆臂（或车桥）相连。当悬架摆臂（或车桥）与车身（或车架）相对运动时，活塞和活塞导向缸便在工作缸内上下滑动，而工作油液通过减震器阻尼阀来回运动，起到减振作用。

图 9-29 单气室油气分隔式油气弹簧
(a) 示意图；(b) 结构图

当载荷增加、悬架摆臂（车桥）与车身（车架）之间的距离缩短时，活塞及导向缸上移，使充满工作液的内腔容积减小，迫使工作液经压缩阀进入球形气室，从而推动油气隔膜向具有一定压力的氮气室移动，使气体容积减小，氮气压力升高。当活塞向上的推力（外界载荷）与氮气压力向下的反作用力相等时，活塞便停止移动。于是，车身（车架）与悬架摆臂（车桥）间的相对位置不再变化。当载荷减小，即推动活塞上移的作用力减小时，油气隔膜在高压氮气作用下向下移动，迫使工作液经伸张阀流回工作缸内腔，推动活塞向下移动，车身（车架）与悬架摆臂（车桥）之间的距离变长，直到氮气室内的压力通过工作液的传递转化为作用在活塞上的力与外界减小的载荷相等时，活塞才停止移动。汽车在行驶过程中，油气弹簧所受的载荷是变化的，因此活塞便相应地在工作缸中处于不同的位置。由于氮气充满在密闭的球形气室内，作用在油气隔膜上的载荷小时，气体弹簧的刚度较小，随着载荷的增加，气体弹簧的刚度变大，故它具有变刚度的特性。

2. 减震器

在大多数汽车的悬架系统内部都装有减震器，它和弹性元件是并联安装的，如图9-30所示。作用是加速车架和车身振动的衰减，以改善汽车的行驶平顺性。

汽车中广泛使用液压减震器，其基本原理如图9-31所示。当车架与车桥做往复相对运动时，减震器中的油液反复经过活塞上的阀孔，由于阀孔的节流作用及油液分子间的内摩擦力，便形成了衰减振动的阻尼力，使振动的能量转变为热能，并由油液和减震器壳体吸收，然后散到大气中。

图9-30 减震器和弹性元件的安装示意

图9-31 液压减震器的基本原理
（a）伸张行程；（b）压缩行程

阀门越大，阻尼力越小，反之亦然；相对运动速度越大，阻尼力越大，反之亦然。

阻尼力越大，振动的衰减越快，但悬架弹性元件的缓冲效果不能发挥，乘坐也不舒适，因此，弹性元件的刚度与减震器的阻尼力要合理搭配，才能保证乘坐舒适性和操纵稳定性的要求。

汽车上应用最广泛的是双向作用筒式减震器。

（1）双向作用筒式减震器结构

双向作用筒式减震器的基本组成如图9-32所示，它有三个同心钢筒，外面的钢筒是防尘罩，其上部的吊耳与车架相连。中间是储油缸筒，内装有一定量的油液，其下端的吊耳与车桥相连。里面是工作缸筒，其内装满油液。它还有四个阀，即压缩阀、伸张阀、流通阀和补偿阀。流通阀和补偿阀是一般的单向阀，其弹簧很弱，当阀上的油压作用力与弹簧弹力同向时，阀处于关闭状态，完全不通油液；而当油压作用力与弹簧弹力反向时，只要很小的油压，阀便能开启。压缩阀和伸张阀是卸载阀，其弹簧较强，预紧力较大，只有当油压增高到一定程度时，阀才能开启；而当油压降低到一定程度时，阀即自行关闭。

（2）双向作用筒式减震器工作原理

双向作用筒式减震器的工作原理可用压缩和伸张两个行程加以说明。

①压缩行程。当车桥移近车架（或车身）时，减震器受压缩，活塞下移，使其下方腔室容积减小，油压升高，具有一定压力的油液顶开流通阀进入活塞上方腔室。由于活塞杆占去上腔室的部分容积，使上腔室增加的容积小于下腔室减小的容积，因此，还有一部分油液不能进入上腔室而只能压开

图9-32 双向作用筒式减震器基本组成

压缩阀，流回储油缸筒。油液流经上述阀孔时，受到一定的节流阻力，为克服这种阻力而消耗了振动能量，因而使振动衰减。

②伸张行程。当车桥相对远离车架（或车身）时，减震器受拉伸，活塞上移，使其上腔室油压升高，上腔室的油液便推开伸张阀流入下腔室。同样，由于活塞杆的存在，上腔室减小的容积小于下腔室增加的容积，因而从上腔室流出来的油液不足以充满下腔室所增加的容积，使下腔室产生一定的真空度，这时储油缸筒中的油液在真空度作用下推开补偿阀流进下腔室进行补充。

从上面的原理可以得知，这种减震器在压缩、伸张两个行程都能起减振作用，因此称为双向作用减震器。

三、非独立悬架

1. 纵置板簧式非独立悬架

图9-33所示为典型载货汽车的前悬架。前钢板弹簧2中部用两个U形螺栓3固定在前桥上。弹簧两端的卷耳孔中压入衬套。前端卷耳用钢板弹簧销15与前支架1相连，形成固定的铰链支点；而后端卷耳通过前板弹簧吊耳销14与用铰链挂在后支架10上可以自由摆动的吊耳9相连接，以适应弹簧变形时两卷耳中心线间距离有可能的改变。这种用铰链和吊耳将钢板弹簧两端固定在车架上的结构被广泛采用。

2. 螺旋弹簧非独立悬架

图9-34所示为典型轿车的后悬架。螺旋弹簧套在减震器的外面，减震器8下连接环用螺栓6、自锁螺母16和后轴3相连。弹簧下座紧套在减震器缸筒外面，并由减震器外筒上沿圆周分布的三个凸台限位。弹簧上座用螺栓紧固在车身底板上。弹簧和弹簧上座之间装有弹簧软垫，防止车轮的高频振动传给车身。在弹簧上座和车身之间还装有橡胶隔振块，它除了起隔振作用外，还可保证减震器的上铰链点不发生运动干涉。左、右车轮用一根后轴3相

1—钢板弹簧前支架；2—前钢板弹簧；3—U形螺栓；4—前板簧盖板；5—缓冲块；6—限位块；
7—减震器上支架；8—减震器；9—吊耳；10—吊耳支架；11—中心螺栓；
12—减震器下支架；13—减震器连接销；14—前板簧吊耳销；15—钢板弹簧销。

图9-33 载货汽车的前悬架

连，纵摆臂1的后端与车轴焊在一起，其前端头部有孔，孔中装有橡胶衬套，连接螺栓穿过橡胶衬套与车身相连，并形成橡胶铰链点。车轮跳动时，整个后轴在汽车纵向平面内绕左右橡胶铰链中心连线摆动。与此同时，左右车轮还绕横向推力杆5与车身的铰链点在汽车的横向平面内摆动。由于这些铰接点都采用橡胶衬套，故可消除两个方向摆动的干涉。

1—纵摆臂；2—后悬架总成；3、7—后轴；4—加强杆；5—横向推力杆；6—螺栓；8—减震器；9—弹簧下座；
10—螺旋弹簧；11—防尘罩；12—连接件；13—弹簧上座橡胶支承；14—弹簧上座；15、16—自锁螺母。

图9-34 典型轿车后悬架

螺旋弹簧非独立悬架一般只用作轿车的后悬架。其纵、横向推力杆是悬架的导向机构，用来承受和传递车轮与车身之间的纵向和横向作用力及其力矩。加强杆4的作用是加强横向推力杆的安装强度，并可使车身受力均匀。

3. 空气弹簧非独立悬架

图9-35所示为空气弹簧非独立悬架。囊式空气弹簧的上、下端分别固定在车架和车桥

上。从压气机产生的压缩空气经油水分离器和压力调节器进入储气筒。压力调节器可使储气筒中的压缩空气保持一定的压力。储气罐通过管路与空气弹簧相通。储气罐和空气弹簧中的空气压力由车身高度调节阀控制。空气弹簧和螺旋弹簧一样，只能传递垂直力，其纵向力和横向力及其力矩也是由纵向推力杆和横向推力杆来传递的。这种悬架中也要装有减震器。

图 9-35　空气弹簧非独立悬架示意

4. 油气弹簧非独立悬架

图 9-36 所示为上海 SH3540 型自卸车前轮的油气弹簧非独立悬架。油气弹簧 1 两端分别固定在前轴上的支架 10 和纵梁上的支架 2 上。左、右两侧各有一根下纵向推力杆 11，装在前轴 6 和纵梁 4 之间。上纵向推力杆 8 安装在前轴上的支架 9 和纵梁 4 的内侧支架上。上、下两纵向推力杆构成平行四边形，既可传递纵向力，承受制动力引起的反作用力矩，又可保证车轮上下跳动时主销倾角不变，有利于汽车的操纵稳定性。横向推力杆 3 装在左侧纵梁与前轴右侧的支架上，传递侧向力。在两纵梁下面装有缓冲块 7，以避免在很大的冲击载荷下前桥直接碰撞车架。油气悬架具有变刚度特性，特别适合道路条件和装载条件都很恶劣的工地和矿山用车。

1—油气弹簧；2、9、10—支架；3—横向推力杆；4—纵梁；5—车轮；
6—前轴；7—缓冲块；8—上纵向推力杆；11—下纵向推力杆。

图 9-36　上海 SH3540 型自卸车前轮的油气弹簧非独立悬架示意

四、独立悬架

1. 独立悬架的结构特点

独立悬架的结构特点是两侧的车轮各自独立地与车架或车身弹性连接,因而具有以下优点:

①在悬架弹性元件一定的变形范围内,两侧车轮可以单独运动,互不影响,这样在不平道路上行驶时,不但可减少车架和车身的振动,而且有助于消除转向轮不断偏摆的不良现象。

②减小了汽车的非簧载质量(即不由弹簧支承的质量),则悬架所受到的冲击载荷也减小,可以提高汽车的平均行驶速度。

③采用断开式车桥,发动机总成的位置可以降低和前移,使汽车重心下降,提高了汽车行驶稳定性。

独立悬架的缺点是结构复杂,制造成本高,维修不便,轮胎磨损较严重。

独立悬架被广泛应用在轿车转向轮和越野汽车上。

2. 独立悬架种类

独立悬架多采用螺旋弹簧和扭杆弹簧作为弹性元件。独立悬架的结构类型很多,如图 9-37 所示,主要有车轮在汽车横向平面内摆动的悬架(横臂式独立悬架)、车轮在汽车纵向平面内摆动的悬架(纵臂式独立悬架)、车轮沿主销移动的悬架(烛式悬架与麦弗逊式悬架)等。另外,现代轿车上还采用了多连杆独立悬架。

图 9-37 四种类型的独立悬架示意

(a) 横臂式独立悬架;(b) 纵臂式独立悬架;(c) 烛式悬架;(d) 麦弗逊式悬架

(1) 横臂式独立悬架

横臂式独立悬架分为单横臂式和双横臂式两种。单横臂式独立悬架目前在前悬架中很少采用。双横臂式独立悬架可分为等臂和不等臂两种，如图9-38所示。

图9-38 双横臂式独立悬架示意图
(a) 两摆臂等长的悬架；(b) 两摆臂不等长的悬架

(2) 纵臂式独立悬架

图9-39所示为前轮的双纵臂扭杆弹簧独立悬架。两个等长的纵臂1与转向节铰接。在车架的两根管式横梁4内都装有由若干层矩形断面的薄弹簧钢片叠成的扭杆弹簧6。两根扭杆弹簧的内端用螺钉5固定在横梁4的中部，而外端则插入纵臂轴2的矩形孔内。纵臂轴用衬套3支承在管式横梁内。纵臂轴2和纵臂刚性地相连。另一侧车轮的悬架与之完全相同而且对称。

1—纵臂；2—纵臂轴；3—衬套；4—横梁；5—螺钉；6—扭杆弹簧。
图9-39 双纵臂扭杆弹簧独立悬架

(3) 车轮沿主销移动的悬架

车轮沿主销移动的悬架目前大致可分为两种形式：一种是车轮沿固定不动的主销轴线移动的烛式独立悬架；另一种是车轮沿摆动的主销轴线移动的麦弗逊式独立悬架。

①烛式独立悬架。

图9-40所示为烛式独立悬架。主销1刚性固定在车架上，转向轮、转向节则装在套筒6上，这种悬架的主销定位角不会变化，这有利于汽车的转向操纵和行驶稳定性。但侧向力全部由套在主销上的套筒6和主销承受，套筒与主销之间的摩擦阻力大，磨损严重。

1—主销；2、5—防尘罩；3—减震器；4—通气管；6—套筒。

图9-40 烛式独立悬架

② 麦弗逊式悬架。

麦弗逊式悬架目前在前置前驱动轿车和某些轻型客车上广泛采用，例如，高尔夫、奥迪100、富康等。图9-41所示为捷达轿车的麦弗逊式前悬架。筒式减震器为滑动立柱，横摆臂口的内端通过铰链与车身相连，其外端通过球铰链与转向节相连。减震器的上端与车身相连，下端与转向节相连。车轮所受的侧向力通过转向节大部分由横摆臂承受，其余部分由减震器活塞和活塞杆承受。因此，这种结构形式较烛式悬架在一定程度上减少了滑动摩擦和磨损。

图9-41 捷达轿车的麦弗逊式前悬架

筒式减震器上铰链的中心与横摆臂外端的球铰链中心的连线为主销轴线。此结构也为无主销结构。当车轮上下跳动时，因减震器的下支点随横摆臂摆动，故主销轴线的角度是变化的。

项目九 行驶系工作过程分析

这说明车轮是沿着摆动的主销轴线运动的。因此，这种悬架在变形时，使主销的定位角和轮距都有些变化。然而如果适当地调整杆系的布置，可使车轮的这些定位参数变化极小。

该悬架突出的优点是增大了两前轮内侧的空间，便于发动机和其一些部件的布置；其缺点是滑动立柱摩擦和磨损较大。为减小摩擦，通常是将螺旋弹簧中心线与滑柱中心线的布置不相重合。另外，还可将减震器导向座和活塞的摩擦表面用减磨材料制成，以减少磨损。

（4）多连杆独立悬架

多连杆式独立悬架系统是由 3~5 根杆件组合起来控制车轮的位置变化的悬架系统，其结构如图 9-42 所示。多连杆式独立悬架系统能使车轮绕着与汽车纵轴线成一定角度的轴线摆动，是横臂式和纵臂式的折中方案，适当地选择摆臂轴线与汽车纵轴线所成的夹角，可不同程度地获得横臂式与纵臂式悬架系统的优点，能满足不同的使用性能要求。多连杆式独立悬架系统的主要优点是：车轮跳动时轮距和前束的变化很小，不管汽车是在驱动还是在制动状态，都可以按驾驶者的意图进行平稳转向。

图 9-42 多连杆式独立悬架结构

 五、电控悬架的结构与工作过程

传统悬架的刚度和阻尼是按经验或优化设计的方法确定的，根据这些参数设计的悬架结构，在汽车行驶过程中，是无法进行调节的，使汽车行驶平顺性和乘坐舒适性受到一定影响，故称传统悬架为被动悬架。而现代汽车采用的电控悬架的刚度和阻尼特性能根据汽车的行驶条件进行动态自适应调节，使悬架系统始终处于最佳减振状态。电控悬架包括主动悬架和半主动悬架两大类。

1. 主动悬架

主动悬架就是根据汽车的运动状态和路面状况，适时地调节悬架的刚度和阻尼力，使其处于最佳减振状态。它是在被动悬架系统（弹性元件、减震器、导向装置）中附加一个可控制作用力的装置。它通常由执行机构、测量系统、控制系统和能源系统四部分组成，如图 9-43 所示。执行机构的作用是执行控制系统的指令，一般为力发生器或转矩发生器（液压缸、油气室、伺服电动机、电磁铁等）。测量系统的作用是测量系统各种状态，为控制系统提供依据，包括各种传感器。控制系统的作用是处理数据和发出各种控制指令，其核

· 83 ·

心部件是电子计算机 ECU。能源系统的作用是为以上各部分提供能量。

图 9-43 电控主动悬架

图 9-44 所示是三菱 GALANT 轿车上装备的电控空气主动悬架系统（A-ECS）。它能够根据本身的负载情况、行驶状态和路面情况等，主动地调节包括悬架系统的阻尼力、汽车车身高度和行驶姿态、弹性元件的刚度在内的多项参数，使汽车的相关性能处于最佳状态。

1—前储气筒；2—回油泵继电器；3—空气压缩机继电器；4—电磁阀；5—ECS 电源继电器；6—加速度计开关；7—节气门位置传感器；8—制动灯开关；9—车速传感器；10—转角传感器；11—右后车门开关；12—后电磁阀总成；13—电子控制单元 ECU；14—阻尼力转换执行器；15—左后车门开关；16—后储气筒；17—后高度传感器；18—左前车门开关；19—ECS 开关；20—阻尼力转换执行器（步进电动机型）；21—加速度计位置；22—空气压缩机总成；23—G 传感器（横向加速度传感器）；24—前高度传感器；25—系统禁止开关；26—空气干燥器；27—流量控制电磁阀总成。

图 9-44 三菱电控空气主动悬架系统

2. 半主动悬架

半主动悬架是指悬架弹性元件刚度和减震器阻尼力之一或两者均可根据需要进行调节的悬架。由于半主动悬架在控制品质上接近于主动悬架，并且结构简单，能量损耗小，成本低，故有较好的应用前景。

丰田凌志 LS400 轿车的电控悬架系统是一种典型的半主动悬架系统，如图 9-45 所示。它可以对车身高度、弹簧刚度及减震器阻尼力进行综合控制，因此具有良好的乘坐舒适性和操纵稳定性。它由空气压缩机、干燥器、排气电磁阀、高度控制阀、高度控制开关、悬架电控单元、悬架控制开关、高度传感器、转向盘转角传感器、悬架控制执行器、空气弹簧、阻尼力可调减震器和节气门位置传感器等组成。

1—1 号高度控制继电器；2—发电机调节器；3—干燥器及排气阀；4—悬架高度调节空气压缩机；5—1 号高度控制阀；
6—主节气门位置传感器；7—门灯开关；8—悬架控制 ECU；9—2 号高度控制继电器；
10—后悬架高度调节执行器；11—高度调节信号接口；12—车高调节控制开关；
13—2 号高度控制阀及止回阀；14—后悬架高度传感器；15—LRC 开关；16—悬架高度调节开关；
17—转向盘角度传感器；18—停车灯开关；19—前悬架高度调节执行器；20—前悬架高度传感器。

图 9-45　丰田凌志 LS400 轿车电控悬架系统主要部件

随堂测试

1. 悬架的作用是把路面作用于车轮上的法向反力（支持力）、切向反力（牵引力和制动力）、侧向反力及这些反力所造成的力矩都传递到_____上，缓和并衰减汽车在行驶中产生的_____，以保证汽车的正常行驶。

2. 悬架一般由_____、_____和_____三部分组成。

3. 汽车悬架可分为_____悬架和_____悬架两大类。独立悬架的结构特点是_____做成断开的，两侧车轮可以单独地通过弹性悬架与车架（或车身）连接，单独跳动，互不影响。

4. 汽车采用的电控悬架的_____和_____特性能根据汽车的行驶条件进行动态自适应调节，使悬架系统始终处于最佳减振状态。电控悬架包括_____悬架和_____悬架两大类。

任务实施

任 务 工 单

任务名称：分析悬架的结构与工作过程			
姓名：		班级：	学号：
任务描述	请你就某一型号车辆绘制一个悬架结构简图，讲解其工作过程，并能够对不同悬架系统进行比较，在学习小组或班级里进行交流汇报		
能力目标	1. 能够向客户讲解悬架的结构形式及其工作过程； 2. 能够比较不同悬架系统的优缺点； 3. 树立以客户为中心的理念，增强服务意识； 4. 具有与客户沟通交流的能力； 5. 具备信息搜集和处理的能力		
实施准备	1. 教学用车辆或悬架实验台； 2. 车辆或悬架相关资料； 3. 汇报用纸、笔等		
实施步骤	自主学习	学习相关知识，个人绘制不同类型悬架结构简图	
	小组讨论	以学习小组形式进行讨论，形成小组汇报成果	
	小组汇报	汇报小组成果，并通过角色扮演方式在实际车辆或悬架实验台上向客户讲解不同类型悬架系统的结构与工作过程； 规范做好5S	
自我反思	在专业能力、关键能力等方面的收获或体会：		

项目十 10

转向系工作过程分析

转向系是汽车底盘的重要组成部分,其功能是按照驾驶员的意愿改变汽车行驶方向,并能克服侧向干扰力使汽车能够自动回正。按照转向能源的不同,分为机械能转向系和动力转向系。

本项目包括分析机械转向系工作过程和分析动力转向系工作过程两个任务。

任务 10-1 分析机械转向系工作过程

 学习内容

1. 机械转向系的组成;
2. 转向器的种类与结构;
3. 机械转向系的工作过程。

 能力要求

1. 能够向客户在实际车辆上讲解转向系的结构及工作过程;
2. 树立以客户为中心的理念,增强服务意识;
3. 具有与客户沟通交流的能力;
4. 具备信息搜集和处理的能力。

汽车构造（下册）——底盘构造

任务引入

转向系的功用是保证汽车按照驾驶员的需要改变行驶方向，并克服路面侧向干扰力使车轮自行产生的转向，使汽车恢复原来的行驶方向。大家都知道驾驶员是通过转动转向盘来改变汽车行驶方向的，你能够就某一车型向客户讲解转向系的结构与工作过程吗？

任务描述

汽车行驶过程中，驾驶员通过转动转向盘来控制汽车的行驶方向，也就是操纵转向系工作，转向系的性能直接影响行车安全。请你就某一型号车辆绘制该车转向系结构简图，并讲解其工作过程，在学习小组或班级里进行交流汇报。

相关知识

机械转向系由转向操纵机构、转向器和转向传动机构三大部分组成。

一、机械转向系的组成

汽车转向系主要由转向盘、万向节及转向管柱等组成，如图10-1所示。

图10-1 转向系组成

二、转向器的种类与结构

转向器是转向系中的减速传动装置，其功用是将驾驶员加在转向盘上的力矩放大，并降低转速，传给转向传动机构。常见的转向器有齿轮齿条式和循环球式。

1. 齿轮齿条式转向器

齿轮齿条式转向器分为两端输出式和中间（或单端）输出式两种。捷达轿车机械转向器的基本结构形式即为两端输出的齿轮齿条式转向器，如图10-2所示。

图 10-2 齿轮齿条式转向器
(a) 零件图；(b) 工作原理图

传动副的主动件转向齿轮与转向轴相连，通过轴承安装在转向器壳体中，与转向齿轮啮合的转向齿条水平布置，两端通过球头座与转向横拉杆相连；当转动转向盘时，转向轴带动转向齿轮转动，使与之啮合的转向齿条沿轴向移动，从而使左右横拉杆带动转向节左右转动，使转向车轮偏转，实现汽车转向。

中间输出的齿轮齿条式转向器的结构原理与两端输出的齿轮齿条式转向器的基本相同，不同之处是它在转向齿条的中部用螺栓与左右转向横拉杆相连。

采用齿轮齿条式转向器可以使转向传动机构简化（不需要转向摇臂和转向直拉杆等），齿轮齿条无间隙啮合，无须调整，并且逆传动效率较高，故多用于前轮为独立悬架的轿车和微型及轻型货车上。

2. 循环球式转向器

循环球式转向器分为循环球-齿条齿扇式和循环球-滑块曲柄销式两种。其中循环球-齿条齿扇式应用较广。它有两级传动副,第一级是螺杆螺母传动副,第二级是齿条齿扇传动副。

图10-3所示为循环球-齿条齿扇式转向器的整体结构。转向螺杆4的轴颈支承在两个推力球轴承上。轴承紧度可用调整垫片2、6调整。转向螺母9的下平面加工成齿条,与齿扇部分啮合。可见转向螺母既是第一级传动副的从动件,也是第二级传动副(齿条齿扇传动副)的主动件。通过转向盘和转向轴转动转向螺杆时,转向螺母不能转动,只能轴向移动,并驱使齿扇及摇臂轴转动。

1—下盖;2、6—调整垫片;3—外壳;4—转向螺杆;5—螺塞;7—上盖;
8—导管;9—转向螺母;10—转向摇臂。

图10-3 循环球-齿条齿扇式转向器的整体结构

为了减少转向螺杆和转向螺母之间的摩擦,二者的螺纹并不直接接触,中间装有许多钢球,以实现滚动摩擦。转向螺母的内径大于转向螺杆的外径,故能轻松套在螺杆上。转向螺母外有两根钢球导管,每根导管的两端分别插入螺母侧面的一对通孔中,导管内装满了钢球,这样两根导管和螺母内的螺旋管状通道组合成两条各自独立的封闭的钢球"流道"。

转向螺杆转动时,通过钢球将力传给转向螺母,螺母即沿轴向移动。同时,在螺杆与螺母二者和钢球间的摩擦力偶作用下,所有钢球在螺旋管状通道内滚动,形成"球流"。循环球式转向器的正传动效率很高(最高可达90%~95%),故操纵轻便,使用寿命长。但其逆效率也很高,容易将路面冲击力传到转向盘。不过,对于较轻型的、前轴轴载质量不大而又经常在较好路面上行驶的汽车而言,这一缺点影响不大。因此,循环球式转向器广泛应用于各类各级汽车。

三、转向传动机构的工作过程

转向传动机构的功用是将转向器输出的力和运动传到转向桥两侧的转向节，使两侧转向轮偏转，并且使两个转向轮偏转角按一定关系变化，以保证汽车转向时车轮与地面的相对滑动尽可能小。

转向传动机构的组成和布置因转向器位置及转向轮悬架类型而异。

1. 与非独立悬架配用的转向传动机构

与非独立悬架配用的转向传动机构主要包括转向摇臂、转向直拉杆、转向节臂和梯形臂，如图10-4所示。在前桥仅为转向桥的情况下，由转向横拉杆和左、右梯形臂组成的转向梯形一般布置在前桥之后（图10-4（a））；在发动机位置较低或转向桥兼充驱动桥的情况下，为避免运动干涉，往往将转向梯形布置在前桥之前（图10-4（b））；若转向摇臂不是在汽车纵向平面内前后摆动，而是在与道路平行的平面左右摆动（如北京BJ2020N型汽车），则可将转向直拉杆横置，并借球头销直接带动转向横拉杆，从而使两侧梯形臂转动（图10-4（c））。

图10-4 与非独立悬架配用的转向传动机构
(a) 转向梯形布置在前桥之后；(b) 转向梯形布置在前桥之前；(c) 转向直拉杆横置

2. 与独立悬架配用的转向传动机构

当采用独立悬架时，每个转向轮都需要相对于车架做独立运动，因而转向桥必须是断开式的。与此相应，转向传动机构中的转向梯形也必须分成两段或三段，并且由在平行于路面的平面中摆动的转向摇臂直接带动或通过转向直拉杆带动，如图10-5所示。

1—主动齿轮；2—壳体；3—齿条；4—梯形臂；5—转向横拉杆。
图10-5 与独立悬架配用的转向传动机构

奥迪轿车转向器安装在前围板上，转向传动机构如图10-6所示。左、右转向横拉杆和转向减震器内端通过支架、螺栓固定在转向器的齿条上，转向减震器的外端固定在车身支架上。为防止运动干涉，左、右横拉杆的外端用球头和左、右转向节臂连接在一起，转向节臂和转向节焊接在一起。

图10-6 奥迪轿车转向器及转向传动机构

当汽车转向时，转向齿条横向移动，使左、右横拉杆一个受压、一个受拉，随转向齿条移动，则横拉杆通过球头铰接带动左、右转向节臂及转向节绕主销转动，从而使转向轮偏转一定的角度。

随堂测试

1. 机械转向系由_____、_____和_____三大部分组成。
2. 汽车转向操纵机构主要由_____、_____及_____等组成。
3. 转向器是转向系中的_____传动装置，其功用是将驾驶员加在转向盘上的力矩_____，并减小转速，传给转向传动机构。
4. 常见的转向器有_____式和_____式两种。
5. 转向传动机构的功用是将_____输出的力和运动传到转向桥两侧的_____，使两侧转向轮偏转，并且使转向轮偏转角按一定关系变化，以保证汽车转向时车轮与地面的相对_____尽可能小。

项目十 转向系工作过程分析

任务实施

任 务 工 单

任务名称：分析机械转向系的工作过程			
姓名：		班级：	学号：
任务描述			请你就某一型号车辆绘制该车转向系结构简图，并讲解其工作过程，在学习小组或班级里进行交流汇报
能力目标			1. 能够向客户在实际车辆上讲解转向系的结构及其工作过程； 2. 树立以客户为中心的理念，增强安全服务意识； 3. 具有与客户沟通交流的能力； 4. 具备信息搜集和处理的能力
实施准备			1. 教学用车辆或机械转向系实验台； 2. 车辆或转向系相关资料； 3. 汇报用纸、笔等
实施步骤		自主学习	学习相关知识，个人绘制某车辆机械转向系结构简图
^^		小组讨论	以学习小组形式进行讨论，形成小组汇报成果
^^		小组汇报	汇报小组成果，并通过角色扮演方式在实际车辆或转向系实验台上向客户讲解机械转向系的结构与工作过程； 规范做好5S
自我反思			在专业能力、关键能力等方面的收获或体会：

· 93 ·

任务10-2 分析动力转向系工作过程

学习内容

1. 动力转向系的种类;
2. 动力转向系的结构与工作过程;
3. 不同动力转向系的特点。

能力要求

1. 能够向客户在实际车辆上讲解动力转向系的结构及其工作过程;
2. 能够比较不同类型动力转向系;
3. 树立以客户为中心的理念,增强服务意识;
4. 具有与客户沟通交流的能力;
5. 具备信息搜集和处理的能力。

任务引入

为了减轻驾驶员的疲劳程度,增加驾驶舒适性,保证行车安全,现在大多数车型加装了转向加力装置。转向加力装置以发动机输出的动力或电力为能源,在转向时,只有一小部分是驾驶员的体能,大部分是发动机提供的液压能或气压能及电动机提供的电能。

任务描述

汽车动力转向系的作用是使驾驶员转向操作更轻便,行车更安全。请你就某一型号车辆绘制一个动力转向系工作简图,并讲解其工作过程,在学习小组或班级里进行交流汇报。

相关知识

一、动力转向系的种类

常见的动力转向系统有液压动力转向系统和电动转向系统。由于液压系统工作压力高,其部件尺寸小,并且工作时无噪声,工作滞后时间短,还能吸收来自不平路面的冲击,因此,液压动力转向装置在各类车上广泛应用。图10-7所示为与齿轮齿条式转向器配用的动力转向系。

1—车速表；2—电控装置；3—储油罐；4—油泵；5—齿轮齿条式转向器；6—传感器。

图 10-7 与齿轮齿条式转向器配用的动力转向系

液压动力转向装置根据油液的工作情况，分为常压式与常流式两种；根据转向加力装置的结构，分为整体式和半整体式两种。

二、常压式动力转向系

常压式动力转向系的优点：系统中有储能器积蓄液压能，可以使用流量较小的转向油泵，而且在转向油泵不运转的情况下，可以保持一定的动力转向的能力。但系统工作压力高，易泄漏，发动机功率消耗较大。因此，目前只有少数重型汽车采用此种动力转向系统。常压式液力动力转向系如图 10-8 所示，图示位置转向控制阀处于关闭位置，汽车直线行驶。转向油泵输出的压力油充入储能器，储能器压力达到规定值，油泵自动卸荷空转。当汽车转向时，机械转向器带动转向控制阀转入开启位置，储能器中的压力油流入转向动力缸，从而产生推力以助转向。

图 10-8 常压式液力动力转向系

三、常流式动力转向系

常流式液压动力转向系结构简单,油泵寿命长,泄漏较少,消耗功率也较少,因此它广泛应用于各种汽车。

常流式液压动力转向系如图 10-9 所示。当汽车直线行驶时,转向控制阀处于图示位置,使转向动力缸活塞两侧都和低压油路及转向油罐相通,压力相等,转向动力缸不动,油泵空转,油液处于低压流动状态。当驾驶员转动转向盘时,通过机械转向器使转向控制阀处于某一工作位置,此时转向动力缸活塞一侧与回油管隔绝,与油泵相通,压力升高(由于地面转向阻力通过转向传动机构传到动力缸的推杆,并和活塞上形成较大的油泵输出阻力);另一侧仍然与回油管路相通,压力较低,转向动力缸活塞移动,产生推力。转向盘停止转动后,转向控制阀回到图示中立位置,动力缸停止工作。由于无论汽车是否处于转向状态,液压系统管路中的油液总是在流动,压力较低,只有在转向时才产生瞬时高压,因此称为常流式。

图 10-9　常流式液压动力转向系

常流式液压动力转向系统按机械转向器、转向控制阀、转向动力缸三者的组合及相对位置,分为整体式、半整体式、转向加力器三种。

整体式动力转向系是目前大多数车型都采用的动力转向系统。它是将动力缸、控制阀和机械转向器三者组装在一个壳体内,这种三合一的部件称为整体式动力转向器。图 10-10 所示为轿车常用的齿轮齿条式整体动力转向器,工作原理如图 10-11 所示。活塞安装在转向齿条上,转向齿条的壳体相当于动力缸,动力缸活塞是齿条的一部分,齿条活塞两边的齿条套管被密封,形成两个油液腔,连接左、右转向回路。控制阀安装在转向齿轮壳体内。转动转向盘时,旋转阀改变油液流量,在转向齿条两端形成压力差,使得齿条向压力低的方向移动。齿条相当于动力缸的推杆,从而减轻驾驶员加在转向盘上的力。

图 10-10 整体式动力转向器

图 10-11 整体式动力转向系工作原理

四、电子控制动力转向系

电子控制式动力转向系是一种直接依靠电动机提供辅助转矩的电动助力式转向系统。由于此系统是利用微机控制电动机电流的方向和幅值,因此不需要复杂的控制机构,降低了成本和重量。电动机、减速机构、转向柱和转向齿轮制成一个整体,系统小型轻量化,易于布置,零件数量少,无泄漏,故障率低。电动机只有在转向时才工作,所以节约能量。

图 10-12 所示为电子控制动力转向系组成简图。系统通过安装在齿轮齿条式转向器输入轴上的传感器来检测转向盘的转动。当电控单元接收到传感器转动方向和载荷大小时,通过控制供给电动机的电流方向和电流大小,完成助力作用。该系统提供给电动机的电流可达 75 A。电流越强,施加于齿条上的力也越大。通过改变供电极性可以控制电动机的旋转方向。

图 10-12　电子控制动力转向系

图 10-13 所示是花冠轿车电动转向系(EMPS)的组成与工作示意图。其特点是:
① 采用了车速传感式 EMPS,通过安装在转向柱上的直流电动机和减速机构生成的扭矩

图 10-13　花冠轿车 EMPS 的组成与工作示意

来辅助驾驶员转向。通过 EMFS、ECU（车速信号）的信息可以计算出辅助动力的大小。

②电动转向系统具有极好的燃油经济性，辅助动力由安装在转向柱上的直流电动机提供，仅在需要辅助动力时，该电动机才会消耗能量。

③电动转向系统与普通液压动力转向系统不同，它具有优良的可维护性，因为它没有管路、动力转向泵、皮带轮和动力转向液。

随堂测试

1. 常见的动力转向系统有_____转向系统和_____转向系统。
2. 液压动力转向装置根据油液的工作情况，分为_____与_____两种；根据转向加力装置的结构，分为_____式和_____式两种。
3. 常流式液压动力转向系统按机械转向器、转向控制阀、转向动力缸三者的组合及相对位置，分为_____、_____、_____三种。
4. 目前大多数车型都采用的动力转向系统是_____动力转向系。
5. 电子控制式动力转向系统是一种直接依靠_____提供辅助转矩的电动助力式转向系统。由于此系统是利用微机控制电动机_____的方向和幅值，因此不需要复杂的控制机构，降低了成本和重量。

任务实施

任 务 工 单

任务名称：分析动力转向系的工作过程				
姓名：		班级：		学号：
任务描述		请你就某一型号车辆绘制一个动力转向系工作简图，并讲解其工作过程，在学习小组或班级里进行交流汇报		
能力目标		1. 能够向客户在实际车辆上讲解动力转向系的结构及其工作过程； 2. 能够比较不同类型的动力转向系； 3. 树立以客户为中心的理念，增强安全服务意识； 4. 具有与客户沟通交流的能力； 5. 具备信息搜集和处理的能力		
实施准备		1. 教学用车辆或动力转向实验台； 2. 车辆或动力转向系相关资料； 3. 汇报用纸、笔等		
实施步骤	自主学习	学习相关知识，个人绘制动力转向系工作简图		
	小组讨论	以学习小组形式讨论动力转向系类型、结构特点等，形成小组汇报成果		
	小组汇报	汇报小组成果，并通过角色扮演方式在实际车辆或动力转向实验台上向客户讲解动力转向系统的结构与工作过程； 规范做好5S		
自我反思		在专业能力、关键能力等方面的收获或体会：		

项目十一 制动系工作过程分析

制动系是汽车底盘的重要组成部分，包括制动器、制动操纵机构、制动传动机构和制动力调节机构。按照传力介质不同，制动系分为液压制动系和气压制动系两种类型。为提高汽车制动性能，现代汽车普遍采用了制动防抱死系统和电子稳定程序。

本项目包括分析液压制动系工作过程、分析气压制动系工作过程以及分析制动防滑与稳定控制系统工作过程等任务。

任务 11-1 分析液压制动系工作过程

学习内容

1. 液压制动系的液压回路；
2. 液压制动系的主要部件结构与工作原理；
3. 鼓式制动器与盘式制动器的比较。

能力要求

1. 能够向客户在实际车辆上讲解液压制动系的结构及其工作过程；
2. 树立以客户为中心的理念，增强服务意识；
3. 具有与客户沟通交流的能力；

4. 具备信息搜集和处理的能力。

任务引入

制动系的功用是根据需要使行驶中的汽车减速甚至停车，使下坡行驶的汽车的速度保持稳定，以及使已停驶的汽车保持不动。液压制动系的传力介质是制动油液，利用制动油液将驾驶员作用于制动踏板上的力转换为油液压力，通过管路传至车轮制动器，再将油液压力转换为使制动蹄张开的机械推力，实现制动。你能够就某一液压制动车型向客户讲解液压制动系的结构与工作过程吗？

任务描述

汽车行驶过程中，驾驶员是通过踩下制动脚踏板来进行汽车制动的，也就是操纵制动系工作，制动系的性能直接影响行车安全。液压制动系在轿车、轻型货车的行车制动系上应用广泛。请你就某一型号液压制动车辆绘制该车制动系液压回路图，并讲解其制动工作过程，在学习小组或班级里进行交流汇报。

相关知识

一、液压制动系的液压回路

图 11-1 所示为典型轿车制动系统示意图。该系统采用真空助力、双回路交叉布置。前轮为盘式制动器，后轮为鼓式制动器。后轮鼓式制动器同时也作为驻车制动系的制动器。制动主缸的后腔与右前轮、左后轮的制动回路相通；制动主缸的前腔与左前轮、右后轮的制动回路相通。

图 11-1 典型轿车制动系统示意

制动时，驾驶员踩下制动踏板，踏板力经真空助力器放大后，作用在制动主缸上，制动主缸将制动液加压后，分别输送到两个制动回路，使制动器产生制动作用。

这种液压传动对角线双回路制动系统能保证在任一个回路出现故障时，仍能得到总制动效能的50%左右。此外，这种制动系结构简单，并且直行时紧急制动的稳定性好。

要施行驻车制动时，用手向后拉手制动操纵杆或向上拉起手制动按钮，即可使两个后轮制动器中的两个制动蹄向外张开，使制动鼓产生制动作用。

制动踏板机构和手制动操纵杆或按钮在施行制动时和电气开关相接触，指示灯亮，进行制动显示。

在双回路液压制动系统中，制动主缸的液压分别经两个相互独立的系统传递给车轮，通常用前后独立方式或交叉方式设置管路，即前后分开式和对角线分开式布置形式，如图11-2所示。前后独立方式的双回路液压制动传动装置主要应用于对后轮制动依赖性较大的发动机后置后轮驱动汽车，交叉式的双回路液压制动传动装置主要应用于对前轮制动依赖性较大的发动机前置前轮驱动汽车。

图11-2 双回路液压制动回路布置示意
（a）前后分开式；（b）交叉式

二、液压制动系的主要部件与工作原理

1. 制动主缸

制动主缸的作用是将踏板力转变成液压力。

现代汽车的行车制动系采用双回路制动系，因此液压制动系都采用串联双腔式制动主缸。

（1）结构

串联式双腔制动主缸如图11-3所示，储液罐为一体的串联双腔式制动主缸部件分解如图11-4所示。串联式双腔制动主缸主要由储液罐、制动主缸壳体、前腔活塞、后腔活塞及前后活塞弹簧、推杆、皮碗等组成。主缸的壳体内装有前、后腔活塞及回位弹簧，前、后活塞分别用皮碗密封。储油罐分别与主缸的前、后腔相

图11-3 串联式双腔制动主缸结构示意

通，前出油口、后出油口分别与轮缸相通，前腔活塞靠后腔活塞的液力和弹簧力推动，而后腔活塞直接由推杆推动。

图 11-4 串联式双腔制动主缸的分解

(2) 工作过程

串联双腔式制动主缸的工作过程如图 11-5 所示。

图 11-5 串联双腔式制动主缸的工作过程
(a) 不制动时；(b) 正常状态下制动时；(c) 与后腔连接的制动管路漏油时；
(d) 与前腔连接的制动管路漏油时

① 不制动时。

两活塞前部皮碗均遮盖不住其旁通孔，制动液由储油罐进入主缸，如图 11-5 (a) 所示。

② 正常状态下制动时。

操纵制动踏板，经推杆推动推杆活塞右移，在其皮碗遮盖住旁通孔之后，后工作腔油液压力升高，油液一方面经出油阀流入制动管路，另一方面推动中间活塞右移。在后腔液压和弹簧弹力的作用下，中间活塞向右移动，前腔油液压力也随之升高，油液推开出油阀流入管路，于是两个制动管路在等压下对汽车制动，如图 11-5 (b) 所示。

解除制动时，抬起制动踏板，活塞在弹簧作用下复位，高压油液自制动管路流回制动主缸。如活塞复位过快，工作腔容积迅速增大，而制动管路中的油液由于管路阻力的影响，来不及充分流回工作腔，使工作腔内油压快速下降，便形成一定的真空度，于是储油罐中的油液便经平衡孔（补偿孔）和活塞上的轴向小孔推开垫片，并且皮碗进入工作腔。当活塞完全复位时，旁通孔开放，制动管路中流回工作腔的多余油液经补偿孔流回储油罐。

③与后腔连接的制动管路损坏漏油时。

若与后腔连接的制动管路损坏漏油，则在踩下制动踏板时，起初只是推杆活塞前移，而不能推动中间活塞，因而后腔工作液不能建立。但在推杆活塞直接顶触中间活塞时，中间活塞便前移，使前腔建立必要的工作油压而制动，如图11-5（c）所示。

④与前腔连接的制动管路损坏漏油时。

若与前腔连接的制动管路损坏漏油，则在踩下制动踏板时，只有后腔中能建立液压，前腔中无压力，此时，在压力差的作用下，前活塞迅速移到其前端顶到主缸缸体上。此后，后工作腔中液压方能升高到制动所需的值，如图11-5（d）所示。

2. 制动轮缸

制动轮缸的作用是将制动主缸传来的液压力转变为使制动蹄张开的机械推力。

制动轮缸有单活塞式和双活塞式，双活塞式比较常用。制动轮缸主要由缸体、活塞、顶块、皮碗、弹簧、防护罩和放气螺钉等组成，如图11-6和图11-7所示。

图11-6 双活塞制动轮缸的分解

图11-7 双活塞式制动轮缸

制动轮缸的缸体通常用螺钉固装在制动底板上，位于两制动蹄之间，内装铝合金活塞，密封皮碗的刃口方向朝内，并由弹簧压靠在活塞上与其同步运动。活塞外端压有顶块并与制动蹄的上端相抵紧。在缸体的另一端装有防护罩，可防止尘土及泥土的侵入。缸体上方装有放气螺塞，以便放出液压系统中的空气。

制动轮缸的工作情况如图11-8所示。制动轮缸受到液压作用后，顶出活塞，使制动蹄扩张。松开制动踏板，液压力消失，靠制动蹄回位弹簧的力使活塞回位。

图11-8 制动轮缸的工作情况

3. 真空助力器

真空助力器是利用真空能（负气压能）对制动踏板进行助力的装置，对其控制是利用踏板机构直接操纵。

图11-9所示为单膜片真空助力器的结构图。真空助力器和制动主缸用螺钉固定在车身前围上，借推杆与制动踏板连接。伺服气室由前、后壳体组成，其间夹装有膜片座，它的前

腔经单向阀通进气歧管或真空罐；后腔膜片座毂筒中装有控制阀，空气阀 2 与推杆 6 固接，橡胶阀门 8 与在膜片座上加工出来的阀座组成真空阀。

1—推杆；2—空气阀；3—真空通道；4—真空阀座；5—回位弹簧；6—制动踏板推杆；7—空气滤芯；8—橡胶阀门；9—空气阀座；10—通气道；11—伺服气室后腔；12—膜片座；13—伺服气室前腔；14—橡胶反作用盘；15—膜片回位弹簧；16—真空口和单向阀。

图 11-9　单膜片真空助力器的结构

当给制动踏板施加压力时，制动踏板推杆向左移动。这个动作使空气阀柱塞向左运动，通过空气阀使膜片右侧 B 腔的真空被空气压力取代。膜片左侧 A 腔的真空仍然保持，在压差作用下，膜片向左运动，产生对制动主缸和活塞的一个额外推力。

真空助力器有保持、助力和释放三种工作模式。通常情况下，整个助力器处于真空状态。若真空助力器失效或真空管路无真空度，空气阀柱塞将通过空气阀直接推动膜片座和制动主缸推杆，使制动主缸产生制动压力，但加在踏板上的力要增大。

4. 车轮制动器

制动器是制动系中用于产生阻止车辆运动或运动趋势的力的部件。一般汽车使用的制动器的制动力矩都来源于固定元件和旋转元件工作表面之间的摩擦，即摩擦式制动器。

摩擦制动器按照摩擦工作表面的不同，分为鼓式制动器和盘式制动器。

(1) 鼓式制动器

鼓式制动器的摩擦副中的旋转元件是制动鼓，其工作表面是内圆柱面；固定元件是制动蹄，制动蹄的张开是由液压机构控制的制动轮缸驱动的。轮缸式鼓式制动器按照其结构与工作特点不同，又分为领从蹄式制动器、双领蹄式与双从蹄式制动器、双向双领蹄式制动器和自增力式制动器。

①领从蹄式制动器。

领从蹄式制动器的示意图如图 11-10 所示。图中箭头所示为汽车前进时制动鼓的旋转方向，即制动鼓的正向旋转方向。制动轮缸 6 所施加给领蹄 1 的促动力 F_s 使得该制动蹄绕支承点 2 张开时的旋转方向与制动鼓的旋转方向相同。具有这种属性的制动蹄称为领蹄。与此相反，制动轮缸 6 所施加给制动蹄 4 的促动力 F_s 使得该制动蹄绕支承点 3 张开时的旋转方向与制动鼓的旋转方向相反，具有这种属性的制动蹄称为从蹄。当汽车倒驶，即制动鼓反向旋转时，蹄 1 变成从蹄，而蹄 4 则变成领蹄。这种在制动鼓正向旋转和反向旋转时，都有一个领蹄和一个从蹄的制动器即称为领从蹄式制动器。

轿车的后轮制动器通常采用领从蹄式制动器。图 11-11 所示为前轮驱动的普通轿车的后轮制动器。旋转元件制动鼓和车轮用螺栓连接在一起，固定元件制动底板上装有制动蹄等零件，并和短轴一起固定在车桥端头凸缘上。

图 11-10　领从蹄式制动器受力分析　　图 11-11　普通轿车后轮制动器

制动器的固定部分结构如图 11-12 所示。两个制动蹄下端插在制动底板相应槽内，由上、下两个回位弹簧将其拉拢，使其上端紧靠在制动轮缸的活塞上。制动蹄通过限位螺钉和

图 11-12　轿车后轮制动器固定元件

限位弹簧压靠在制动底板上。制动蹄外圆弧面上铆有制动摩擦片。其特点是制动蹄采用了浮式支承,整个制动蹄可沿支承平面有一定的浮动量,使制动蹄自动定心,保证尽可能与制动鼓全面接触。另外,制动蹄和制动鼓间的间隙可以自动调整。

②双领蹄式与双从蹄式制动器。

在汽车前进时,两制动蹄均为领蹄的制动器称为双领蹄式制动器。

双领蹄式鼓式制动器总体构造与领从蹄式制动器相差不多。只是采用了两个单活塞式制动轮缸,并且上下反向布置。制动蹄一端卡在制动轮缸活塞上,另一端固定支承。该制动器的受力情况可以简化为图 11-13 所示,在汽车前进时,该制动器的前、后蹄均为领蹄,故称为双领蹄式制动器。

这种制动器前进制动时效能高,但在倒车制动时,两制动蹄都变成从蹄,制动效能下降很多。解放 CA1020F 和 CA6440 型汽车的前轮制动器及北京 BJ2020N 型汽车前轮制动器均为双领蹄式制动器。

③双向双领蹄式制动器。

双向双领蹄式制动器的结构如图 11-14 所示,其结构特点是:制动蹄、制动轮缸、回位弹簧均为成对地对称布置,两制动蹄的两端采用浮式支承,并且支点在径向位置浮动,用回位弹簧拉紧。其性能特点是:汽车前进或倒车中制动时,两个制动蹄均为"领蹄",均有较强的增力,制动效果好,蹄片磨损均匀。

图 11-13 双领蹄式制动器受力分析

图 11-14 双向双领蹄式制动器结构

④自增力式制动器。

自增力式制动器分为单向自增力和双向自增力两种。在结构上只是轮缸中的活塞数目不同而已。自增力式制动器在国产汽车上应用较少,这里仅对双向自增力式制动器进行介绍。

双向自增力式制动器的结构原理如图 11-15 所示。当行车制动时,两制动蹄在相同的轮缸促动力 F_s 作用下同时向外张开,压靠到旋转的制动鼓上,并由于摩擦力的作用,使两制动蹄均沿顺时针方向移

图 11-15 双向自增力式制动器示意图

动。当第二制动蹄尚未顶靠到支承销时,第一制动蹄与制动鼓所产生的切向合力所造成的绕下支点的力矩与促动力所造成的绕同一支点的力矩同向,故前蹄为领蹄;当两制动蹄继续移动到第二制动蹄顶靠在支承销上以后,第一制动蹄即对浮动的顶杆产生作用力F'_s,并间接作用在第二制动蹄下端。此时第二制动蹄上端为支承点,在促动力F_s和F'_s共同作用下向外旋转张开,使该制动蹄也变成了领蹄,并且此时后制动蹄对制动鼓的压力比前制动蹄的还大,产生了自动增力作用。

倒车制动时,两制动蹄的工作情况正好相反,此时前制动蹄具有自动增力效果。由于在行车制动和倒车制动时,制动器都具有自动增力作用,因此该种制动器称为双向自增力式制动器。

(2) 盘式制动器

盘式制动器摩擦副中的旋转元件是以端面工作的金属圆盘,称为制动盘。其固定元件有着多种结构形式。根据固定元件的结构形式不同,盘式制动器大体上可以分为两类,即钳盘式制动器和全盘式制动器。

1) 钳盘式制动器

钳盘式制动器中的固定元件是由工作面积不大的摩擦块与其金属背板组成的制动块。每个制动器中有2~4块制动块,这些制动块及其促动装置都装在横跨制动盘两侧的钳形支架中,总称为制动钳。根据制动钳的结构形式不同,钳盘式制动器又分为定钳盘式制动器和浮钳盘式制动器两种。

①定钳盘式制动器。

定钳盘式制动器的基本结构如图11-16所示。制动盘与车轮部分相连接,随车轮一起转动。轮缸活塞布置在制动盘两侧的制动钳体支架中,活塞的端部粘有摩擦块。制动钳体用螺栓固定在桥壳或转向节上,既不能旋转,也不能轴向移动。制动时,高压制动液被压入两个制动轮缸中,推动轮缸活塞并使两个制动摩擦块同时压向制动盘,产生制动作用。此时活

1—制动钳支架;2—摩擦片;3—轮缸活塞;4—制动盘;5—密封圈
图11-16 定钳盘式制动器结构

塞上矩形橡胶密封圈的刃边在活塞摩擦力的作用下产生弹性变形（图 11-16 中的右图）。其极限变形量应等于（制动器间隙为设定值时的）完全制动所需的活塞行程。解除制动时，活塞在密封圈的弹力作用下回位，直至密封圈变形完全消失为止，此时摩擦片与制动盘之间的间隙即为设定间隙。

若制动器存在过量间隙，则制动时活塞密封圈变形达到极限值后，轮缸活塞在液压作用下克服密封圈的摩擦力而继续移动，直到完全制动为止。但解除制动后，活塞密封圈将活塞拉回，使制动器间隙恢复到设定值。由此可见，密封圈能兼起活塞回位弹簧和一次调准式间隙自调装置的作用，可使制动钳结构简单，造价低廉，故在轻、中型轿车上得到广泛应用。但这种结构对橡胶密封圈的弹性、耐热性、耐磨性及加工精度要求较高，而且所能保持的制动器间隙较小，在保证彻底解除制动方面还不十分可靠。

② 浮钳盘式制动器。

顾名思义，浮钳盘式制动器的制动钳是浮动的，可以相对于制动盘做轴向移动。其中只在制动盘的内侧设置油缸，用于驱动内侧制动块，而外侧的制动块则附着在钳体上，制动时随制动钳做轴向移动。图 11-17 所示为浮钳盘式制动器结构示意。制动时，右侧活塞及摩擦块在液压作用力 F_1 作用下，向左移动压向制动盘。同时，液压的反作用力 F_2 推动制动钳体向右移动，使左侧摩擦块也压靠到制动盘上。导向销上的橡胶衬套不仅能够稍微变形以消除制动器间隙，而且可使导向销免受泥污。解除制动时，橡胶衬套所释放出来的弹性能有助于右侧制动块离开制动盘。活塞密封圈使活塞回位。若制动器产生了过量的间隙，活塞则相对于密封圈滑移，借此实现间隙自动调整。

1—制动钳体；2—导向销；3—制动钳支架；4—制动盘。
图 11-17 浮钳盘式制动器结构示意

与定钳盘式制动器相比，浮钳盘式制动器的单侧油缸结构简单，使制动器的轴向与径向尺寸较小，有可能布置得更接近车轮轮毂。由于浮钳盘式制动器优点较多，近年来在轿车及轻型载货汽车上得到广泛应用。

一汽奥迪 A6 轿车、全轮驱动的宝来 A4 轿车及上海帕萨特 B5 轿车的前后轮均采用了浮钳盘式制动器，此外，捷达系列轿车、小红旗系列轿车及上海桑塔纳轿车的前轮也都采用了浮钳盘式制动器。

图 11-18 所示为一汽宝来轿车前轮制动器的结构。

2) 全盘式制动器

在重型和超重型载货汽车上，要求有更大的制动力，为此，采用了全盘式制动器。全盘式制动器摩擦副的固定元件和旋转元件都是圆盘形的，分别称为固定盘和旋转盘。其结构原理与摩擦离合器的相似。

图 11-18 一汽宝来轿车前轮制动器

三、盘式制动器与鼓式制动器的比较

盘式制动器与鼓式制动器相比，其优点是：鼓式制动器单面传热，内外两面温差较大，导致制动鼓变形，同时，长时间制动后，制动鼓因高温而膨胀，减弱制动效能，而盘式制动器两面传热，圆盘旋转易冷却，不易变形，制动效果好，长时间使用后，制动盘因高温膨胀而使制动作用增强；结构简单，维修方便，易实现间隙自动调整。

不足之处在于：盘式制动器摩擦片直接压在圆盘上，无自动摩擦增力作用，所以，在此系统中须另行装设动力辅助装置；兼用驻车制动时，加装的驻车制动传动装置较鼓式制动器复杂，因而用在后轮上受到限制。

 随堂测试

1. 在双回路液压制动系统中，制动主缸的液压分别经两个_____的系统传递给车轮，通常用前后_____方式或_____方式设置管路。

2. 制动主缸的作用是将踏板力转变成_____。制动轮缸的作用是将制动主缸传来的液压力转变为使制动蹄张开的_____。

3. 摩擦制动器按照摩擦工作表面的不同，分为_____式制动器和_____式制动器。

4. 鼓式制动器工作时单面传热，内外两面温差_____，导致制动鼓变形，同时，长时间制动后，制动鼓因高温而膨胀，减弱_____。

5. 盘式制动器工作时两面传热，圆盘旋转易_____，不易变形，制动效果好，长时间使用后，制动盘因高温膨胀而使制动作用_____。

任务实施

任 务 工 单

任务名称：分析液压制动系的工作过程		
姓名：	班级：	学号：
任务描述	请你就某一型号液压制动车辆绘制该车制动系液压回路图，并讲解其制动工作过程，在学习小组或班级进行交流汇报	
能力目标	1. 能够向客户在实际车辆上讲解液压制动系的结构及其工作过程； 2. 树立以客户为中心的理念，增强安全服务意识； 3. 具有与客户沟通交流的能力； 4. 具备信息搜集和处理的能力	
实施准备	1. 教学用车辆或液压制动实验台； 2. 车辆或液压制动相关资料； 3. 汇报用纸、笔等	
实施步骤	自主学习	学习相关知识，个人绘制某车辆液压制动系的液压回路图，并分析制动工作过程
	小组讨论	以学习小组形式针对液压制动系结构、类型、使用、安全等方面开展讨论，形成小组汇报成果
	小组汇报	汇报小组成果，并通过角色扮演方式在实际车辆或液压制动实验台上向客户讲解液压制动系统的结构与工作过程； 　规范做好5S工作
自我反思	在专业能力、关键能力等方面的收获或体会：	

项目十一 制动系工作过程分析

任务 11-2　分析气压制动系工作过程

 学习内容

1. 气压制动系回路；
2. 气压制动系主要部件的结构与工作过程。

 能力要求

1. 能够向客户在实际车辆上讲解气压制动系的结构及其工作过程；
2. 树立以客户为中心的理念，增强服务意识；
3. 具有与客户沟通交流的能力；
4. 具备信息搜集和处理的能力。

 任务引入

气压式制动传动装置是发展最早的一种动力制动传动装置，其制动能源是空气压缩机产生的压缩空气。气压式制动传动装置具有制动力大、制动灵活等特点。

 任务描述

汽车制动系直接影响行车安全，气压制动系广泛应用于中型和重型载货汽车上。请你就某一气压制动型号车辆绘制一个气压制动回路简图，并讲解其工作过程，在学习小组或班级里进行交流汇报。

 相关知识

 一、气压式制动回路

图 11-19 所示为典型汽车的双回路气压制动系统示意。由发动机驱动的空气压缩机 1 将压缩空气经单向阀 3 首先输入湿储气筒 5。湿储气筒上装有安全阀 7、取气阀 4 和油水放出阀 6，压缩空气在湿储气筒内冷却并进行油水分离后，分别经两个单向阀 8 进入储气筒 15 的前、后腔。储气筒的前腔与串联双腔式制动阀 16 的上腔相连，以控制后轮制动；储气筒的后腔与串联双腔式制动阀 16 的下腔相连，以控制前轮制动。储气筒两腔的气压还经三通

· 113 ·

管分别通向双指针空气压力表19中的两个传感器。空气压力表上指针指示储气管前腔的气压，下指针指示后腔的气压。前制动管路同时还接通挂车制动控制阀9，将由湿储气筒5通向挂车的通路切断。由于挂车采用放气制动，所以，当湿储气筒通往挂车通路切断时，挂车也同时制动。

1—空气压缩机；2—卸荷阀；3—单向阀；4—取气阀；5—湿储气筒；6—油水放出阀；7—安全阀；8—单向阀；9—挂车制动控制阀；10—分离开关；11—连接头；12—气压过低报警开关；13—后轮制动气室；14、17—制动灯开关；15—储气筒；16—串联双腔式制动阀；18—前轮制动气室；19—双指针空气压力表；20—气压调节阀。

图 11-19　典型气压制动系统示意

储气筒中的气压在正常情况下应不超过 0.8 MPa。超过时，气压调节阀20 起作用，使空气压缩机卸荷空转。当调节阀或空气压缩机卸荷装置失效时，装在湿储气筒上的安全阀7 可将储气筒内气压控制在 0.85 MPa 以内。若储气筒内的气压低于 0.45 MPa，气压过低报警开关12 触点闭合，接通电路，报警灯亮，同时蜂鸣器发出音响，此时应立即停车，排除故障。

驾驶员通过踏板机构操纵串联双腔式制动阀16，踩下制动踏板时，拉动制动阀的拉臂，使储气筒前、后腔的压缩空气穿过制动阀分别进入后制动气室和前制动气室，促动制动器产生制动作用。同时，前制动管路的压缩空气还进入挂车制动控制阀，使挂车制动。当放松制动踏板时，串联双腔式制动阀16 使制动气室通大气，以解除制动。

二、气压式制动系主要部件的结构与工作过程

1. 空气压缩机及调压阀

空气压缩机用于产生制动所用的压缩空气，输送到储气筒中。其结构有单缸式和双缸式

两种。空气压缩机通常固定在气缸体或气缸盖的一侧，由发动机通过风扇带轮和 V 形带驱动，或者由发动机曲轴的正时齿轮通过齿轮机构驱动。

调压阀用来调节供气管路中压缩空气的压力，使之保持在规定的压力范围内。同时，使空气压缩机能卸荷空转，减少发动机的功率损失。空气压缩机卸荷装置与调压阀的工作原理如图 11-20 所示。

图 11-20　空气压缩机卸荷装置与调压阀工作原理示意

2. 制动阀

制动阀是汽车气压制动系的主要控制装置，用来控制由储气筒进入制动气室或挂车制动阀的压缩空气量，并有渐近变化的随动作用，以保证作用在制动器上的力与施加于制动踏板上的力成正比。

制动阀的结构形式很多，工作原理类似。其结构随汽车制动系回路不同，分为单腔式、双腔式和三腔式，双腔式又可分为串联式和并联式，而三腔式多为并联式。

解放中型汽车的串联双腔活塞式制动阀如图 11-21 和图 11-22 所示。它由上盖、上阀体、中阀体和下阀体等用螺钉相连而成，各连接件之间装有密封垫。下阀体上的进气口和出气口分别接前桥储气筒和前桥制动气室；中阀体上的进气口和出气口分别接后桥储气筒和后桥制动气室。上、下活塞与壳体间装有密封圈。下活塞由大、小两个活塞套装在一起，其中下腔小活塞总成相对于下腔大活塞能进行向下单独运动。下腔阀门滑套在装有密封圈的下阀体的中心孔中，上腔阀门滑套在下腔小活塞上端的中空芯管上，其外圆装有密封隔套。

串联双腔活塞式制动阀的制动状态如图 11-23 所示。

（1）开始制动

踩下制动踏板，拉臂绕销轴顺时针转动（图 11-21），通过滚轮、推杆压缩平衡弹簧，并推动上腔活塞向下移动，首先消除上腔活塞下端与上腔阀门间的排气间隙，而后推开上腔阀门。此时，从储气筒前腔来的压缩空气经进气口、上阀门与中阀体上的阀座间形成的进气间隙进入 G 腔，并经出气口进入后制动气室，使后轮制动。同时，进入 G 腔的压缩空气经通气孔 F 进入下腔大活塞及下腔小活塞总成的上方，并使其向下移动，消除下腔小活塞总成

·115·

图 11-21 解放中型汽车制动阀构造原理图

1—调整螺钉；2—锁紧螺母；3—拉臂；4—销轴。

图 11-22 解放中型汽车制动阀外形

芯管下端与上腔阀门间的排气间隙，而后推开下腔阀门。此时，从储气筒后腔来的压缩空气经进气口、下腔阀门与下阀体上的阀座间形成的进气间隙进入 H 腔，并经出气口充入前制动气室，使前轮制动。

图 11-23 串联双腔活塞式制动阀制动状态

（2）维持制动

当要维持制动状态时，制动踏板保持在某一位置不动，压缩空气除了进入 G 腔外，还经通气孔 E 进入上腔活塞的下方，并推动上腔活塞上移。当回位弹簧的张力与 G 腔中的气压作用力之和与平衡弹簧的压紧力相平衡、回位弹簧的张力与 H 腔中的气压作用力之和与下腔活塞上方的气压作用力相平衡时，制动阀将保持在上腔阀门和下腔阀门均关闭、G 腔和 H 腔中的气压保持稳定状态，即所谓制动阀的平衡位置。

若需加强制动，驾驶员继续踩下踏板一定行程之后，此时上腔阀门和下腔阀门又重新开启，使中阀体的 G 腔和下阀体的 H 腔及制动气室进一步充气，直到上面叙及的平衡状态重新出现。在此新的平衡状态下，制动气室所保持的稳定压力比以前更高，平衡弹簧的压缩量和踏板力也比以前更大，制动阀将处于一个新的制动强度增加的平衡状态。

（3）解除制动

松开制动踏板时，如图 11-21 所示，拉臂复位，平衡弹簧恢复到原来装配长度，上腔活塞受上腔活塞回位弹簧的作用而上移，上阀门在其回位弹簧的作用下随之上移，直到与中阀体上的阀座接触，关闭储气筒与后制动气室的通路，上腔活塞继续上移，其下端与上阀门之间形成排气间隙，后制动气室的压缩空气经 G 腔及其所形成的排气间隙、下腔小活塞总成上端芯管上的径向孔、芯管内孔至制动阀最下端排气口排入大气。同时，下腔大活塞及下腔小活塞总成在下腔小活塞回位弹簧的作用下上移，下腔阀门在其回位弹簧的作用下也随之上移，直到与下阀体上的阀座接触，关闭储气筒与前制动气室的通路，下腔小活塞总成继续上移，其下端与下阀门之间形成排气间隙，前制动气室的压缩空气经 H 腔及其所形成的排气间隙、下腔小活塞总成至制动阀最下端排气口排入大气，制动作用即被解除。

（4）制动管路损坏漏气时

当前制动管路损坏漏气时，制动阀上腔仍能按上述方式工作，因此后制动器仍能起到制动作用；当后制动管路损坏漏气时，由于下腔活塞上方建立不起控制气压而无法动作，上腔平衡弹簧将通过上腔活塞直接推动下腔小活塞总成相对于下腔大活塞下移，推开下阀门使前制动器起作用。为了消除上腔活塞与上腔阀门间的排气间隙（（1.2±0.2）mm）所踩下的制动踏板行程，称为制动踏板自由行程。行程调整螺钉是用来调整排气间隙的，出厂时已调整好，使用过程中不要任意拧动。

3. 制动气室

制动气室的作用是将输入的气压转换成机械能再输出，使制动器产生制动作用。制动气室分为单制动气室和复合制动气室，又有膜片式和活塞式之分。

（1）单制动气室

图 11-24 所示为膜片式单制动气室。在壳体和盖之间，通过卡箍夹装有橡胶膜片，推杆与膜片支承盘焊接，弹簧将推杆、支承盘连同膜片推到图示右极限位置。推杆的左端借助连接叉与制动调整臂相连。膜片将制动气室分成两腔。右腔由通气孔与制动阀输出管路相通，左腔经通气孔与大气相通。

图 11-24 膜片式单制动气室

踩下制动踏板时，制动阀输出的压缩空气自通气孔进入制动气室右腔，气压克服弹簧的作用力，推动膜片向左拱曲并使推杆左移，使制动调整臂及制动凸轮转动而实现制动。放松制动踏板时，右腔的压缩空气经制动阀的排气口排入大气。推杆和膜片在弹簧的作用下恢复原位，制动作用解除。

（2）复合制动气室

①结构。

在行车制动器兼充驻车制动器时，则采用了复合制动气室，又称弹簧储能缸。它实际上是将一个弹簧储能器和膜片式制动气室组合在一起，既作为行车制动时的传动机构，又作为驻车制动时的传动机构。图11-25所示为复合制动气室的结构图。其右侧为弹簧储能器，主要由驻车制动活塞6、驻车制动气室壳体14、储能弹簧9、驻车制动气室推杆5及驻车制动气室盖板10等组成。左侧为膜片式制动气室，由行车制动活塞体4、承推活塞17、行车制动气室推杆20、导向套筒1和行车制动活塞回位弹簧2等组成。弹簧储能器和膜片式制动气室二者由隔板隔开，隔板中心有孔，驻车制动推杆装在其中。

1—导向套筒；2—行车制动活塞回位弹簧；3—行车制动活塞皮碗；4—行车制动活塞体；5—驻车制动气室推杆；
6—驻车制动活塞体；7—驻车制动活塞皮碗；8—套筒；9—储能弹簧；10—驻车制动气室盖板；
11—螺母；12—毛毡滤气片；13—防尘管；14—驻车制动气室壳体；15—密封圈座；16—活塞皮碗；17—承推活塞；
18—尼龙导向环；19—尼龙挡圈；20—行车制动气室推杆；21—行车制动气室壳体；22—行车制动气室盖板；
23—防护套；24—连接叉；A—行车制动气室通气口；B—驻车制动气室通气口；
Ⅰ—行车制动气室；Ⅱ—驻车制动气室。

图11-25 复合制动气室结构原理

②工作过程。

当进行驻车制动时（图11-26（a）），驾驶员操控手控制动阀，将弹簧储能器中活塞右侧的压缩空气放掉，此时，弹簧储能器中的活塞在左端制动弹簧的推动下右移，并借助中间的心轴，将制动气室中的膜片连同推杆一起推向右端，与此同时，也推动调整臂转动凸轮，将制动蹄压向制动鼓，产生驻车制动。要解除驻车制动，只要操控手控制动阀，将压缩空气再从A口充入弹簧储能器中，两端的活塞和膜片在各自力的作用下，回到图11-26（c）所示的位置，汽车进入正常行驶状况。

当汽车进行行车制动时（图11-26（b）），压缩空气从B口进入制动气室膜片的左侧，膜片在压缩空气的作用下右移，带动与调整臂相连的推杆右移，调整臂转动制动凸轮，将制动蹄压向制动鼓，产生行车制动作用。

正常行驶不制动时（图11-26（c）），压缩空气从A口进入弹簧储能器活塞的右侧，活塞在压缩空气的作用下被推到左端，制动气室中的膜片在回位弹簧的作用下靠在中间的隔板上。

图11-26 复合制动气室工作情况示意图
(a) 单独进行驻车制动；(b) 单独进行行车制动；(c) 正常行驶不制动；
(d) 无压缩空气时，旋出传力螺杆，解除驻车制动

汽车驻车制动日久或因制动系统漏气而使制动系统气压低，而又不能起动发动机使气压升高时，就不能以气压力解除驻车制动，此时不得已又需要拖车移动汽车时，就只好以人工方法解除驻车制动。其方法是将两后轮储能弹簧制动气室外侧的解除制动螺栓向外旋出，拉动中间的心轴向左移动，从而使制动储能器弹簧压缩，以此解除驻车制动（图11-26（d））。

人工解除驻车制动时，两侧车轮都要做，只要有一侧车轮处于驻车制动状态，就无法将汽车拖走。解除制动时，要通过旋动解除制动螺栓压缩制动储能器弹簧，因此，旋动扭矩比较大，比较费力。应当注意的是，由于此时制动系统气压低，起动发动机行车要十分小心。当制动系统气压低的故障排除后，要及时地将解除制动螺栓旋回，使汽车恢复驻车制动功能，汽车才能正常行驶。

4. 凸轮式制动器

气压制动系中，普遍采用凸轮促动的车轮制动器，如图11-27（a）所示。这种制动器除了用制动凸轮做张开装置外，其余部分结构与液压制动系的制动器大体相同。可锻铸铁铸成的两个制动蹄的一端套在偏心支承销上，支承销下面有支承销座，固定在制动底板上。制动蹄的另一端靠回位弹簧拉拢并使之紧靠在制动凸轮上。凸轮与凸轮轴制成一体，凸轮轴安装在制动底板的支架内，轴端有花键与制动调整臂相连。调整臂的另一端则和制动气室的推杆连接叉相连。在制动蹄的外圆弧面上铆有两块石棉摩擦片。不制动时，摩擦片和制动鼓之间留有适当的间隙，使制动鼓能随车轮自由转动。

制动时，压缩空气进入制动气室，通过推杆及连接叉使制动调整臂转动，调整臂带动凸轮轴转动，凸轮迫使两制动蹄张开并压紧在制动鼓上，产生相应的制动作用。当放松制动踏板时，制动气室中的压缩空气排出，膜片在回位弹簧作用下回位，并通过推杆、连接叉、制

动调整臂带动凸轮轴回位,同时,两个制动蹄在回位弹簧作用下,以其上端支承面靠紧于制动凸轮的两侧,制动蹄间保持一定的间隙,制动作用解除。凸轮式制动器的受力情况如图 11 – 27（b）所示。

图 11 – 27　气压式车轮制动器
(a) 凸轮制动器结构；(b) 制动器受力情况

制动器的间隙可以根据需要进行局部或全面调整。局部调整时,利用制动调整臂来改变制动凸轮的原始角位置。制动调整臂的结构如图 11 – 28 所示。在制动调整臂壳体 2 内,装有调整蜗杆 4 和调整蜗轮 3,两者相互啮合。调整蜗轮以内花键与制动凸轮轴的外花键啮合。在制动调整臂位置不变的情况下,转动蜗杆可通过蜗轮带动凸轮轴转过一角度,从而改变制动凸轮的原始角位置。

1—防尘盖；2—调整臂壳体；3—调整蜗轮；4—调整蜗杆；5—钢碗；6—蜗杆轴；
7—弹簧；8、9、10—钢珠；11—调节螺杆；12—油嘴；13—铆钉；14—衬套；15—销子。

图 11 – 28　制动调整臂结构

随堂测试

1. 气压制动系工作时，驾驶员踩下制动踏板，拉动制动阀的拉臂，使_____前、后腔的压缩空气穿过_____分别进入_____和_____，促动制动器产生制动作用。

2. 调压阀用来调节供气管路中压缩空气的压力，使之保持在_____的压力范围内。同时使空气压缩机能_____，减少发动机的功率损失。

3. 制动气室的作用是将输入的气压转换成_____再输出，使制动器产生制动作用。制动气室分为_____制动气室和_____制动气室，又有膜片式和活塞式之分。

4. 在行车制动器兼充驻车制动器时，则采用了_____制动气室，又称弹簧储能缸。它实际上是将一个弹簧储能器和_____制动气室组合在一起，既作为行车制动时的传动机构，又作为驻车制动时的传动机构。

项目十一　制动系工作过程分析

任务实施

任 务 工 单

任务名称：分析气压制动系的工作过程			
姓名：		班级：　　　　　　　学号：	
任务描述	请你就某一气压制动型号车辆绘制一个气压制动回路简图，并讲解其工作过程，在学习小组或班级里进行交流汇报		
能力目标	1. 能够向客户在实际车辆上讲解气压制动系的结构及其工作过程； 2. 树立以客户为中心的理念，增强服务意识； 3. 增强安全意识； 4. 具有与客户沟通交流的能力； 5. 具备信息搜集和处理的能力		
实施准备	1. 教学用气压制动车辆或气压制动实验台； 2. 气压制动车辆或气压制动系统相关资料； 3. 汇报用纸、笔等		
实施步骤	自主学习	学习相关知识，个人绘制气压制动回路简图，并分析其工作过程	
	小组讨论	以学习小组形式进行讨论，形成小组汇报成果	
	小组汇报	汇报小组成果，并通过角色扮演方式在实际车辆或实验台上向客户讲解气压制动系统的结构与工作过程； 规范做好5S工作	
自我反思	在专业能力、关键能力等方面的收获或体会：		

· 123 ·

任务 11-3　分析制动防滑与稳定控制系统工作过程

学习内容

1. 汽车制动防抱死系统的结构与工作原理；
2. 电子稳定程序控制系统的结构与工作过程；

能力要求

1. 能够向客户讲解汽车制动防抱死系统的结构及其工作过程；
2. 能够向客户讲解电子稳定程序控制系统的结构及其工作过程；
3. 树立以客户为中心的理念，增强服务意识；
4. 具有与客户沟通交流的能力；
5. 具备信息搜集和处理的能力。

任务引入

汽车制动防抱死系统（Antilock Braking System，ABS）是在制动过程中防止车轮出现抱死，避免车轮在路面上进行纯粹的滑移，提高汽车在制动过程中的方向稳定性和转向操纵能力，缩短制动距离。ABS 已经成为现代汽车的标准配备。ESP（Electronic Stability Programe，电子稳定程序）系统，在丰田车系中也称 VSC（Vehicle Stability Control，车辆稳定性控制）系统，是改善汽车行驶性能的一种控制系统。利用与 ABS 系统一起的综合控制可防止汽车在制动时车轮抱死；利用驱动防滑系统（TCS 或 ASR）可阻止汽车在起步时驱动轮滑转（空转）。只要汽车在行驶时不超出物理极限，ESP 是兼有防止汽车转向时滑移、不稳定和侧向驶出车道的综合功能。

任务描述

汽车制动防抱死系统（ABS）和电子稳定程序（ESP）都是汽车的主动安全装置，事关行车安全，避免事故发生。请你就某一装备该装置的车辆绘制一个 ABS 和 ESP 工作原理简图，并讲解其工作过程，在学习小组或班级里进行交流汇报。

一、汽车制动防抱死系统的结构与工作原理

（一）ABS 基本理论

1. 车轮滑移率

汽车正常行驶时，车速 v（即车轮中心的纵向速度）与车轮速度 v_w（即车轮圆周速度）相同，可以认为车轮在路面上做纯滚动。当驾驶员踏下制动踏板时，由于地面制动力的作用，使车轮速度减小，车轮处在既滚动又滑动的状态，实际车速与车轮速度不再相等，人们将车速和车轮速度之间出现的差异称为滑移。随着制动系压力的增加，车轮滚动成分越来越小，滑移成分越来越大。当车轮制动器抱死时，车轮已不再转动，而是在地面上做完全滑动。

为了表征滑移成分所占的比例的多少，常用滑移率 S 表示。

$$S = \frac{v - v_w}{v} \times 100\% = \frac{v - r\omega}{v} \times 100\%$$

式中，S 为车轮滑移率；v 为车速（车轮中心纵向速度，m/s）；v_w 为车轮速度（车轮瞬时圆周速度，$v_w = r\omega$，m/s）；r 为车轮半径（m）；ω 为车轮转动角速度（rad/s）。

车轮在路面上纯滚动时，$v = v_w$，车轮滑移率 $S = 0$；车轮抱死在地面上纯滑动时，$v_w = 0$，车轮滑移率 $S = 100\%$；车轮在路面上边滚动边滑动时，$v > v_w$，车轮滑移率 $0 < S < 100\%$。车轮滑移率越大，说明车轮在运动中滑动的成分所占的比例越大。

2. 附着系数与滑移率的关系

车轮滑移率的大小对车轮与地面间附着系数有很大影响。图 11-29 给出了干燥硬实路面上附着系数与滑移率的关系。图中实线为制动时纵向附着系数和车轮滑移率的一般关系，虚线为横向附着系数和车轮滑移率的一般关系。由图 11-29 可以看出，当滑移率在 10%~30% 时，纵向附着系数 φ_x 和横向附着系数 φ_y 都很大，在此区间制动时，既可以获得较大的制动力，得到良好的制动效能，又能保证汽车具有良好的操纵性能。ABS 系统的功用就是在汽车制动时，自动地将滑移率控制在该区域内。

（二）ABS 组成与工作原理

电子控制制动防抱死系统（ABS）均由传感器、电子控制单元（ECU）和执行器三部分组成。制动时，ABS 电控单元（ECU）从轮速传感器获取车轮的转速信息，经分析处理后，判断是否有车轮处于即将抱死拖滑状态。如果车轮未处于上述状态，制动压力调节器不工作，制动系统按照普通制动过程工作。制动轮缸的压力继续增大，此即系统的增压过程。如果电控单元判断出某一车轮即将抱死拖滑，即刻向制动压力调节器发出命令，关闭制动主缸及相关轮缸的通道，使得该轮缸的压力不再增加，此即 ABS 的保压状态。若电控单元判断出该车轮仍将处于抱死拖滑状态，它将向制动压力调节器发出命令，打开该轮缸与储液室或储能器的通道，使得该轮缸的油压降低，此即 ABS 的减压状态。ABS 制动系统的制动就是在高频地进行增压、保压和减压的往复过程中完成的。

φ—附着系数;φ_x—纵向附着系数;φ_y—横向附着系数;S—车轮滑移率;
φ_p—峰值附着系数;S_p—峰值附着系数时的滑移率;φ_s—车轮抱死时纵向滑动附着系数。

图 11-29 干燥硬实路面上附着系数与滑移率的一般关系

下面以轿车上广泛采用的 MK20—Ⅰ 型 ABS 为例介绍 ABS 的组成与工作原理。

1. ABS 的组成

MK20—Ⅰ ABS 由车轮转速传感器、液压电子控制器等组成,如图 11-30 和图 11-31 所示。

图 11-30 MK20—Ⅰ型制动防抱死系统的组成

项目十一 制动系工作过程分析

图 11-31 MK20—Ⅰ型制动防抱死系统原理

(1) 车轮转速传感器

MK20—Ⅰ ABS 是磁脉冲式传感器，传感器不能互换。

前轮速度传感器安装在轮毂邻近，后轮速度传感器安装在制动鼓附近。单个传感器失灵后，ABS 功能中断，EBD 仍保持工作，ABS 报警灯亮；两个以上传感器失灵后，ABS/EBD 功能中断，ABS 报警灯亮。

(2) 控制器

控制器包括液压控制单元（执行器）和电子控制单元。液压控制单元由泵电动机、液压储能器和电磁阀组成。液压泵采用柱塞式结构，经永磁直流电动机驱动，将第二回路的制动液泵回制动总泵；液压储能器采用弹簧活塞式结构，暂存液压泵一时来不及泵出的制动液。MK20—Ⅰ ABS 每个车轮制动器的制动力由一组二位二通的常开阀（进液电磁阀）和常闭阀（出液电磁阀）控制，电磁阀的电磁线圈集成于控制器内。

2. 工作原理

MK20—Ⅰ ABS 属于三通道四传感器系统，控制原则是前轮独立控制，后轮按"低选原则"集中控制，即 ABS 对后轴液压的控制是依据两后轮中附着系数较低的车轮来进行调节的。

下面以一个车轮为例介绍 ABS 工作时制动压力的调节过程。

(1) 常规制动阶段

制动时，通过助力器总泵建立制动压力。常开阀打开，常闭阀关闭，制动压力进入车轮制动器，车轮速度迅速降低，直到 ABS 电子控制单元通过转速传感器得到的信号识别出车轮有抱死的倾向时为止，如图 11-32 所示。

1—泵电动机；2—常开电磁阀；3—常闭电磁阀；4—液压储能器。

图 11-32　常开阀开、常闭阀关，制动压力增大

(2) 制动压力保持阶段

随着制动压力的增加，车轮被制动和减速。当被制动的车轮趋于抱死时，车轮转速传感器发出车轮有抱死危险的信号，电子控制单元向液压控制单元发出"保持压力"的指令，给常开阀通电使其关闭，常闭阀处于无电状态仍保持关闭。制动液通往轮缸的通道被切断，在常开阀和常闭阀之间，制动压力保持不变，如图 11-33 所示。

1—泵电动机；2—常开电磁阀；3—常闭电磁阀；4—液压储能器。

图 11-33　常开阀和常闭阀均关闭，保持压力

(3) 制动压力下降阶段

即使制动压力保持不变，如果车轮进一步减速，仍出现车轮抱死趋势，则必须降压，如图 11-34 所示。电子控制单元发出"减小压力"的指令，给常开阀通电使其关闭，常闭阀通电开启，制动液通过回液通道进入储能器，同时，电动泵工作，将多余的制动液送回制动主缸。这时制动踏板轻微地向上抖动。轮缸制动液减少，制动压力下降，车轮转速上升。

(4) 制动压力上升阶段

轮缸制动压力下降后，车轮转速上升太快，电子控制单元指令液压控制单元"增加制动压力"，使常开阀断电打开，常闭阀断电关闭，制动液在泵电动机和制动踏板力的作用下又进入轮缸，轮缸制动压力上升，车轮转速又下降，进入下一个循环，重复上述过程。

1—泵电动机；2—常开电磁阀；3—常闭电磁阀；4—液压储能器。

图 11-34　常开阀关、常闭阀开，制动压力下降

二、电子稳定程序控制系统的结构与工作过程

（一）电子稳定程序的功能

电子稳定程序（ESP）是改善汽车行驶性能的一种控制系统。该控制系统分成两个系统：一个系统在制动系统中；另一个系统在驱动-传动系统中。利用与 ABS 系统一起的综合控制，可防止汽车在制动时车轮抱死；利用驱动防滑系统（TCS 或 ASR），可阻止汽车在起步时驱动轮滑转（空转）。只要汽车在行驶时不超出物理极限，ESP 兼有防止汽车转向时滑移、不稳定和侧向驶出车道的综合功能。

ESP 可在以下几个方面改善汽车行驶安全性：

①扩大了汽车行驶稳定性范围。在汽车的各种行驶状况下，如全制动、部分制动、车轮空转、驱动、滑行和负载变化，仍可保持汽车在车道中行驶。

②扩大了汽车在极端情况时的行驶稳定性，如在恐惧和惊恐时要求的特别的转向技巧，从而降低了汽车横甩的危险。

③在各种路况下，通过 ABS、TCS 系统和发动机倒拖转矩控制（在发动机制动力矩过高时，可自动地提高发动机转速），还可进一步利用轮胎与路面间的附着潜力，从而缩短制动距离、增大牵引力、改善汽车的操控性和行驶稳定性。

（二）基本工作原理

ESP 工作的基本原理是利用汽车上的制动系统使汽车能"转向"。车轮制动器的原本任务是使汽车减速或让汽车停下来。在允许的物理极限范围内，ESP 系统通过控制车轮制动器的工作，使汽车在各种行驶状况下在车道内保持稳定行驶。

ESP 通过横摆角速度传感器，识别车辆绕垂直于地面轴线方向的旋转角度及侧向加速度传感器识别车辆实际运动方向。例如，ESP 判定为出现不足转向时，将制动内侧后轮，使车辆进一步沿驾驶员转弯方向偏转，从而稳定车辆（图 11-35）；ESP 判定为出现过度转向时，ESP 将制动外侧前轮，防止出现甩尾，并减弱过度转向趋势，稳定车辆（图 11-36）。

图 11-35 避免"漂出"的原理

图 11-36 避免"甩尾"的原理

(三) 电子稳定程序的组成

图 11-37 所示是宝来轿车电子稳定程序相关部件的组成。电子稳定程序是建立在其他防滑控制系统之上的一个非独立的系统。系统的大部分元件可与 ABS、驱动防滑转系统（TCS）共用。ESP 电控系统由传感器、控制单元和执行元件三部分组成。

1. 传感器

ESP 特有传感器主要包括转向角传感器、横向加速度传感器、转向率传感器和制动压力传感器等。

（1）转向角传感器

安装位置：转向柱上，转向开关与转向盘之间，与安全气囊时钟弹簧集为一体。

作用：向带有 EDL/TCS/ESP 的 ABS 控制单元传递转向盘转角信号。

失效影响：系统将不能识别车辆的预期行驶方向（驾驶员意愿），导致 ESP 不起作用。

（2）横向加速度传感器

安装位置：转向柱下方偏右侧，与转向率传感器一体。

作用：确定侧向力。

失效影响：如果没有该信号，则无法识别车辆状态，ESP 失效。

E256—ASR/ESP 按键；F—制动灯开关；F47—制动踏板开关；G44—右后车轮转速传感器；G45—右前车轮转速传感器；G46—左后车轮转速传感器；G47—左前车轮转速传感器；G85—转向角传感器；G200—横向加速度传感器；G201—制动压力传感器；G202—偏转率传感器；J105—ABS 回液泵继电器；V39—ABS 回液泵；J106—ABS 电磁阀继电器；N99、N101、N133、N134—ABS 进液阀；N100、N102、N135、N136—ABS 出液阀；N225、N226—行驶动态调节阀；N227、N228—行驶动态调节高压阀；V156—用于驱动动态控制的液压泵；J285—组合仪表内带显示屏的控制单元；K47—ABS 指示灯；K118—制动装置指示灯；K155—ASR/ESP 指示灯。

图 11-37 宝来轿车电子稳定程序的组成

(3) 转向率传感器

安装位置：转向柱下方偏右侧，与横向加速度传感器一体。

作用：该传感器感知作用在车辆上的扭矩，识别车辆围绕垂直于地面轴线方向的旋转运动。

失效影响：如果没有此信号，则控制单元不能识别车辆是否发生转向，ESP 功能失效。

(4) 制动压力传感器

安装位置：在主缸上，计算制动力，控制预压力。

失效影响：ESP 功能不起作用。

2. 控制单元与执行元件

控制单元是带有 EDL/TCS/ESP 功能的 ABS 控制单元，执行元件与 ABS 共用。

打开点火开关后，控制单元将做自测试，所有的电器连接都将被连续监控，并周期性检查电磁阀功能，支持自诊断系统。

3. TCS/ESP 开关

安装位置：在仪表板上。

作用：按此开关可关闭 ESP/TCS 功能，并由仪表上的警告灯指示出来，再次按压此开关，可重新激活 TCS/ESP 功能。如果驾驶员忘记重新激活 TCS/ESP，再次起动发动机后，系统可被重新激活。

下列情况下，有必要关闭 ESP：
①在积雪路面或松软路面上，让车轮自由转动，前后移动车辆。
②安装了防滑链的车辆。
③在测功机上检测车辆。
ESP 正在介入时，系统将无法被关闭；E256 失效，ESP 将不起作用。

4. ESP 仪表警报灯

如果打开点火开关且检测结束后，ESP 仪表警报灯 K155 不熄灭，说明 ASR/ESP 系统有故障，此故障只影响 ASR/ESP 安全系统，车上的 ABS 安全系统功能正常。车辆在行驶中，如稳定程序警报灯 K155 闪亮，说明 ASR 及 ESP 正在工作。

随堂测试

1. 车轮滑移率越大，说明车轮在运动中滑动的成分所占的比例_____。
2. 当滑移率在_____时，纵向附着系数 φ_x 和横向附着系数 φ_y 都很大，在此区间制动时，既可以获得较大的制动力，得到良好的制动效能，又能保证汽车具有良好的_____性能。ABS 系统的功用就是在汽车制动时，自动地将_____控制在该区域内。
3. ABS 制动系统的制动就是在高频地进行_____、_____和_____的往复过程中完成的。
4. ESP 工作的基本原理是利用汽车上的制动系统使汽车能"_____"，通过控制车轮制动器的工作，使汽车在各种行驶状况下在车道内保持_____。
5. ESP 通过_____传感器，识别车辆绕垂直于地面轴线方向的旋转角度及_____传感器识别车辆实际运动方向。

项目十一 制动系工作过程分析

任务实施

任 务 工 单

任务名称: 分析制动防滑与稳定控制系统的工作过程		
姓名:	班级:	学号:

任务描述	请你就某一装备该装置的车辆绘制一个 ABS 和 ESP 工作原理简图,并讲解其工作过程,在学习小组或班上进行交流汇报	
能力目标	1. 能够向客户讲解 ABS 的结构及其工作过程; 2. 能够向客户讲解 ESP 的结构及其工作过程; 3. 树立安全意识; 4. 具有与客户沟通交流的能力; 5. 具备信息搜集和处理的能力	
实施准备	1. 配备 ABS 和 ESP 的教学用车辆或 ABS 和 ESP 实验台; 2. ABS 和 ESP 相关资料; 3. 汇报用纸、笔等	
实施步骤	自主学习	学习相关知识,个人绘制 ABS 和 ESP 工作原理简图,并分析其工作过程
	小组讨论	以学习小组形式进行讨论,形成小组汇报成果
	小组汇报	汇报小组成果,并通过角色扮演方式分别在实际车辆或 ABS 和 ESP 实验台上向客户讲解 ABS 和 ESP 系统的结构与工作过程; 规范做好 5S
自我反思	在专业能力、关键能力等方面的收获或体会:	

知识拓展

电子驻车制动系统

一、电子驻车制动系统的功能

电子驻车制动系统简称 EPB，俗称电子手刹，它将行车过程中的临时性制动和停车后的长时间制动功能整合在一起，并且由电子控制方式实现停车制动的技术。

电子驻车制动系统的功能如图 11－38 所示。电子驻车制动从基本的驻车功能延伸到自动驻车功能（AUTO HOLD）。驾驶员要停下车辆时，只需按下 AUTO HOLD 按钮，即可实现自动驻车而不需要像之前一样长时间脚踏制动踏板，然后拉起驻车制动杆。起动自动电子驻车制动的情况下，车辆起动时，电控驻车制动器自行松开，这能避免车辆在坡道起步时向后溜车。

图 11－38 电子驻车制动系统的主要功能

（a）一键激活，不怕堵车；（b）给油就走，点刹即停；（c）坡路不溜，双脚放松；（d）起步简便，停车自动

二、电子驻车制动系统的结构与工作原理

电子驻车制动的工作原理与机械式驻车制动的相同，均是通过摩擦片与制动盘或制动鼓产生的摩擦力来达到控制停车制动的目的，只不过控制方式从之前的机械式驻车制动拉杆变成了电子按钮。

电子驻车制动系统组成如图 11－39 所示。主要由驻车制动控制单元、驻车制动开关、AUTO HOLD 开关、制动执行元件等组成。

图 11－39 电子驻车制动系统组成

电子驻车制动有以下几种工作模式：
（1）动态起动辅助模式

当车辆从静止起步，车轮扭矩达到一定程度时，电子驻车制动自动释放，将操作简化。

（2）斜坡停车模式

EPB 通过内置在其控制单元中的纵向加速传感器来测算坡度，从而可以算出车辆在斜坡上由于重力而产生的下滑力，控制单元通过电动机对后轮施加制动力来平衡下滑力，使车辆能停在斜坡上。

（3）动态紧急制动模式

如果在行车过程中发生极端情况，操作电子驻车制动按键，可以对车辆进行紧急制动。此时车辆的制动并非机械的驻车制动，高速情况下，紧急制动是通过 ESP 控制单元以略小于全力制动的力对全部四个车轮进行液压制动，而当车辆接近静止状态时，才能直接用电子驻车制动来降速或驻车，例如，大众的电子驻车制动在 7 km/h 以上的速度时就是如此，而只有当速度在 7 km/h 以下时，才直接施以驻车制动。

（4）AUTO HOLD 模式

它是 ESP 的一种扩展功能，由 ESP 部件控制，制动管理系统通过 ESP 的扩展功能来实现对四轮制动的控制。当车辆临时停驻，并且很短一段时间之后需要重新起动时，就交由 ESP 控制的制动来完成，电脑会通过一系列传感器来测量车身的水平度和车轮的扭矩，对车辆溜动趋势做一个判定，并对车轮实施一个适当的制动力，使车辆静止。这个制动力刚好可以阻止车辆移动，并不会太大，以便再次踩油门前行时，不会有太严重的前窜动作。而在临时驻车超过一定时限后，制动系统会转为后轮机械驻车（打开电子驻车制动）来代替之前的四轮液压制动。当车辆欲将前行时，电子系统会检测油门的踩踏力度，以及手动挡车型的离合器踏板的行程，来判定制动是否解除。

AUTO HOLD 功能可以避免使用电子驻车制动而简化操作，自动挡车型也不用频繁地由 D 到 N、D 到 P 来回切换挡位，简化了操作，也减少了"溜车"带来的意外发生。不过，为了环保和减少传动系统磨损，自动挡车型短时停车还是适时挂入 N 挡更好。

项目十二 介绍新能源汽车

为缓解能源危机、降低排放，近年新能源汽车产业进入高速发展阶段。新能源汽车种类繁多，本项目就市场占有率比较高的纯电动汽车和混合动力汽车进行介绍。

任务 12-1 介绍纯电动汽车

 学习内容

1. 纯电动汽车的优点；
2. 纯电动汽车的组成与工作原理。

 能力要求

1. 能够向客户介绍纯电动汽车的优点及其工作过程；
2. 树立环保意识；
3. 具有与客户沟通交流的能力；
4. 具备信息搜集和处理的能力。

项目十二 介绍新能源汽车

任务引入

从 2014 年以来，随着国家相继出台政策扶持新能源汽车产业发展，我国新能源汽车市场得到迅猛发展。2018 年，我国新能源汽车产销量突破 100 万辆，产销量连续三年位居全球第一。新能源汽车代表着汽车的未来发展方向，目前在新能源汽车产品中有 80% 以上是纯电动汽车。你能够用自己所学的知识将纯电动汽车与传统汽车进行对比，向客户介绍纯电动汽车的优点和工作原理吗？

任务描述

纯电动汽车是指以车载电源为动力，用电动机驱动车轮行驶，符合道路交通、安全法规各项要求的车辆。请你就某一型号纯电动汽车绘制其能量传递过程简图，并讲解纯电动汽车工作过程，在学习小组或班级里进行交流汇报。

相关知识

一、纯电动汽车的优点

纯电动汽车的优点是它本身不排放污染大气的有害气体，即使按所耗电量换算为发电厂的排放，除硫和微粒外，其他污染物也显著减少。

由于电力可以从多种一次能源获得，如煤、核能、水力等，解除了人们对石油资源日见枯竭的担心。电动汽车还可以充分利用晚间用电低谷时富余的电力充电，使发电设备日夜都能充分利用，大大提高其经济效益。有些研究表明，同样的原油经过粗炼，送至电厂发电，经充入电池，再由电池驱动汽车，其能量利用效率比经过精炼变为汽油，再经汽油机驱动汽车高，而且有利于节约能源和减少二氧化碳的排量，正是这些优点，使电动汽车的研究和应用成为汽车工业的一个"热点"。

二、纯电动车的组成与工作原理

纯电动汽车的组成包括电力驱动控制系统及驱动力传动机械系统等，如图 12-1 所示。电力驱动控制系统是电动汽车的核心，也是与内燃机汽车的最大不同点。电力驱动控制系统由三相交流电动机和功率电子装置（逆变器）等组成。电动汽车的其他装置基本与内燃机汽车相同。

纯电动汽车的工作原理如图 12-2 所示。电动汽车控制器采集加速踏板位置传感器、制动踏板位置传感器、挡位传感器、电流检测器等各类传感器的信息，分析驾驶员的需求与车辆的状态，通过电动机控制器调节电动机电磁转矩或转速，从而驱动车辆在不同工况下行驶。

1—电动机/发电机；2—带差速器的变速箱；3—动力电子元件；4—高压线缆；5—高压蓄电池；6—电子设备盒（带控制单元，用于蓄电池管理）；7—冷却系统；8—制动系统；9—高压空调压缩机；10—高压供热器；11—蓄电池充电器；12—用于外部充电的充电触点；13—外部充电电源。

图 12-1　电动汽车组成

图 12-2　纯电动汽车的工作原理

1. 电源

电源为电动汽车的驱动电动机提供电能，电动机将电源的电能转化为机械能，通过传动装置或直接驱动车轮和工作装置。目前，电动汽车上应用最广泛的动力电池主要有锂电池、镍铬电池、燃料电池、钠硫电池等。

2. 驱动电动机

驱动电动机的作用是将电源的电能转化为机械能，通过传动装置或直接驱动车轮和工作装置。目前电动汽车上广泛采用直流串激电动机，这种电动机具有"软"的机械特性，与汽车的行驶特性非常相符。但直流电动机由于存在换向火花，功率较小，效率较低，维护保养工作量大，随着电机技术和电动机控制技术的发展，势必逐渐被直流无刷电动机（BCDM）、开关磁阻电动机（SRM）和交流异步电动机所取代。

3. 电动机调速控制装置

电动机调速控制装置（逆变器）是电动汽车的变速和方向变换等设置的装置，其作用是控制电动机的电压或电流，完成电动机的驱动转矩和旋转方向的控制。

早期的电动汽车上，直流电动机的调速采用串接电阻或改变电动机磁场线圈的匝数来实现。因其调速是有级的，并且会产生附加的能量消耗或使用电动机的结构复杂，现在已很少采用。目前电动汽车上应用较广泛的是晶闸管斩波调速，通过均匀地改变电动机的端电压，控制电动机的电流，来实现电动机的无级调速。在电子电力技术的不断发展中，它也逐渐被其他电力晶体管斩波调速装置所取代。从技术的发展来看，伴随着新型驱动电动机的应用，电动汽车的调速控制转变为直流逆变技术的应用，将成为必然的趋势。

在驱动电动机的旋向变换控制中，直流电动机依靠接触器来改变电枢或磁场的电流方向，实现电动机的旋向变换，这使得电路复杂、可靠性降低。当采用交流异步电动机驱动时，电动机转向的改变只需变换磁场三相电流的相序即可，可使控制电路简化。此外，采用交流电动机及其变频调速控制技术，使电动汽车的制动能量回收控制更加方便，控制电路更加简单。

4. 传动装置

电动汽车传动装置的作用是将电动机的驱动转矩传给汽车的驱动轴，当采用电动轮驱动时，传动装置的多数部件常常可以忽略。因为电动机可以带负载起动，所以电动汽车上无须传统内燃机汽车的离合器。因为驱动电动机的旋向可以通过电路控制实现变换，所以电动汽车无须内燃机汽车变速器中的倒挡。当采用电动机无级调速控制时，电动汽车可以忽略传统汽车的变速器。在采用电动轮驱动时，电动汽车也可以省略传统内燃机汽车传动系统的差速器。

5. 行驶装置

行驶装置的作用是将电动机的驱动力矩通过车轮变成对地面的作用力，驱动车轮行走。它同其他汽车的构成是相同的，由车轮、轮胎和悬架等组成。

6. 转向装置

转向装置是为实现汽车的转弯而设置的，由转向机、转向盘、转向机构和转向轮等组成。作用在转向盘上的控制力，通过转向机和转向机构使转向轮偏转一定的角度，实现汽车的转向。多数电动汽车为前轮转向，工业中用的电动叉车常常采用后轮转向。电动汽车的转向装置有机械转向、液压转向和液压助力转向等类型。

7. 制动装置

电动汽车的制动装置同其他汽车一样，是为汽车减速或停车而设置的，通常由制动器及其操纵装置组成。在电动汽车上，一般还有电磁制动装置，它可以利用驱动电动机的控制电路实现电动机的发电运行，使减速制动时的能量转换成对蓄电池充电的电流，从而得到再生利用。

8. 工作装置

工作装置是工业用电动汽车为完成作业要求而专门设置的，如电动叉车的起升装置、门架、货叉等。货叉的起升和门架的倾斜通常由电动机驱动的液压系统完成。

随堂测试

1. 纯电动汽车的组成包括_____驱动控制系统及驱动力传动_____系统等。电力驱动控制系统是电动汽车的核心，也是区别于内燃机汽车的最大不同点。

2. 电力驱动控制系统由_____和_____等组成。

3. 驱动电动机的作用是将电源的_____转化为_____，通过传动装置或直接驱动车轮和工作装置。

4. 电动汽车上广泛采用_____电动机，这种电动机具有"_____"的机械特性，与汽车的行驶特性非常相符。

5. 电动机调速控制装置（逆变器）是为电动汽车的_____和_____等设置的，其作用是控制电动机的电压或电流，完成电动机的驱动转矩和旋转方向的控制。

项目十二 介绍新能源汽车

任务实施

任 务 工 单

任务名称：介绍纯电动汽车			
姓名：	班级：		学号：
任务描述	请你就某一型号纯电动汽车绘制其能量传递过程简图，并讲解纯电动汽车的工作过程，在学习小组或班上进行交流汇报		
能力目标	1. 能够向客户介绍纯电动汽车的优点及其工作过程； 2. 树立绿色环保意识； 3. 具有安全意识； 4. 增强与客户沟通交流的能力； 5. 具备信息搜集和处理的能力		
实施准备	1. 教学用纯电动车辆； 2. 车辆相关文件； 3. 绝缘手套、绝缘胶垫等安全防护用品； 4. 汇报用纸、笔等		
实施步骤	自主学习	学习相关知识，个人绘制纯电动汽车能量传递过程简图；做好安全防护，分析纯电动汽车的结构与工作过程	
	小组讨论	以学习小组形式进行讨论，形成小组汇报成果	
	小组汇报	通过角色扮演方式在实际车辆上向客户介绍相关知识；规范做好5S	
自我反思	在专业能力、关键能力等方面的收获或体会：		

知识拓展

燃料电池汽车

燃料电池汽车是以燃料电池作为动力源的电动汽车。燃料电池是利用氢气和氧气（或空气）在催化剂的作用下经电化学反应直接产生电能的装置，燃料电池汽车就是利用这种电能实现车辆驱动的。但现阶段，燃料电池的许多关键技术还处于研发试验阶段。此外，燃料电池的理想燃料——氢气，在制备、供应、储运等方面距离产业化还有大量的技术与经济问题有待解决。

一、燃料电池汽车的优点

与传统汽车相比，燃料电池汽车具有以下优点：
①零排放或近似零排放。
②没有机油泄漏带来的水污染。
③降低了温室气体的排放。
④提高了燃油经济性。
⑤提高了发动机燃烧效率。
⑥运行平稳、无噪声。

与其他新能源汽车相比，燃料电池汽车具有以下优点：
①燃料电池的反应结果会产生极少的二氧化碳和氮氧化物，副产品主要是水，因此被称为绿色新型环保汽车。
②一般情况下，氢燃料电池车每行驶100 km，大约需要1 kg氢气。一般车型可储存约5 kg的压缩氢气。理论上，在加满氢的状态下续航里程达到500 km。
③燃料补充时间与燃油车的相当。氢燃料电池车加注氢气的过程非常快速、便捷，专用的加氢设备可在几分钟之内加满氢原料。相对于纯电动车较长的充电等待时间，优势极其明显。
④动力性能可与汽油车媲美。奥迪A7 Sportback h-tron quattro 概念车搭载氢燃料电池动力系统，这套系统的最大功率为230马力，最大扭矩540 N·m。其0～100 km/h加速仅为7.9 s，极速可以达到180 km/h。同时，该系统也应用了奥迪独有的quattro系统。

二、燃料电池汽车的结构与工作原理

燃料电池电动汽车的基本构成如图12-3所示。燃料电池汽车主要由高压氢储存罐（燃料箱）、燃料电池组、蓄电池、电动机、空气压缩机、能量控制单元等部件组成。

图12-3 燃料电池汽车的基本构成

下面以丰田未来燃料电池电动汽车为例介绍其工作原理。丰田Mirai燃料电池电动

汽车是以燃料电池堆栈为核心组件的一套复杂动力系统,除燃料电池堆栈外,还包括燃料电池升压器、高压储气罐及驱动电动机等,如图12-4所示。

图12-4 丰田未来燃料电池电动汽车

1. 氢燃料电池堆栈

氢燃料电池堆栈位于车身下部,是氢气与氧气进行反应的场所,也是氢燃料电池电动汽车的关键。氢燃料电池堆栈反应原理如图12-5所示。在燃料电池堆栈里,将进行氢与氧相结合的反应,其中存在电荷转移,从而产生电流。与此同时,氢与氧化学反应后生成水。燃料电池堆栈作为一个化学反应池,其最关键的技术核心在"质子交换薄膜"。在这层薄膜的两侧紧贴着催化剂层,将氢气分解为带电离子状态。随后携带电子的氢通过这道薄膜,留下电子,变成正价氢质子,并通过薄膜到达另一端。接着,氢质子与氧在薄膜的另一端结合,同时所丢失的电子被"还给"它,产生水。随着氧化反应的进行,电子不断发生转移,就形成了驱动汽车所需的电流。

图12-5 氢燃料电池堆栈反应原理示意

2. 燃料电池升压器

在燃料电池堆栈中,排布了诸多薄膜,可以产生大量的电子转移,形成供车辆行驶所需的电流。一般情况下,这些电流所产生的整体电压为300 V左右,不足以带动一台车用大功率电动机。因此,像丰田未来这样的氢燃料电池车还装备了升压器,将电压升至600 V以上,从而顺利推动电动机。

3. 储氢罐

储氢罐用来存储产生电能所需的氢原料。由于氢气在一般气压下的密度较低,并且为气体状态,想要得到足够的氢气来供应燃料电池堆栈,就需要进行压缩,因此储氢罐的设计与强度也十分重要。

4. 蓄电池

蓄电池平时将氢燃料堆栈所产生的多余电能储存起来,在汽车制动时,回收并储存电能。

5. 驱动电动机

驱动电动机的作用是将电源的电能转化为机械能,通过传动装置或直接驱动车轮工作。

从氢燃料电池电动汽车的工作原理可以看出,其实就是在发明一种新型发电机作为汽车的动力源。

任务 12-2　介绍混合动力汽车

学习内容

1. 混合动力汽车的定义;
2. 混合动力汽车的优点;
3. 混合动力汽车的组成与工作过程。

能力要求

1. 能够向客户介绍混合动力汽车的优点及其工作过程;
2. 树立环保意识;
3. 具有与客户沟通交流的能力;
4. 具备信息搜集和处理的能力。

任务引入

混合动力汽车是在纯电动汽车(EV)或燃料电池电动车(FCEV)的基础上增加一套辅助动力系统——动力发电机组或某种原动机(原动机可以是内燃机、燃气轮机等)。混合动力汽车处于纯电动汽车与传统汽车之间,在一定程度上实现了节能减排的目的。你能够用自己所学的知识,向客户介绍混合动力汽车的优点和工作原理吗?

任务描述

混合动力汽车(HEV)是使用两个或两个以上不同的动力源来行驶的车辆。请你就某一型号混合动力汽车绘制其能量传递过程简图,并讲解其工作过程,在学习小组或班级里进行交流汇报。

相关知识

一、混合动力汽车的优点

①采用混合动力后，可按平均需用的功率来确定内燃机的最大功率，此时处于油耗低、污染少的最优工况之下。在大功率内燃机功率不足时，由电池来补充；负荷少时，富余的功率可发电给电池充电，由于内燃机可持续工作，电池又可以不断得到充电，故其行程和普通汽车一样。

②有了电池，可以十分方便地回收制动时、下坡时、怠速时的能量。

③在繁华市区，可关停内燃机，由电池单独驱动，实现"零"排放。

④有了内燃机，可以十分方便地解决耗能大的空调、取暖、除霜等纯电动汽车遇到的难题。

⑤可以利用现有的加油站加油，不必再投资。

⑥可让电池保持在良好的工作状态，不发生过充、过放，延长其使用寿命，降低成本。

二、混合动力汽车的种类与工作原理

按发动机和电动机的耦合方式不同，可分为串联式混合动力汽车（SHEV）、并联式混合动力汽车（PHEV）、混联式（中、并联式）混合动力汽车（PSHEV）三种形式。

1. 串联式混合动力汽车

串联式混合动力汽车如图12-6所示。串联式混合动力汽车主要由发动机、发电机、驱动电动机和动力蓄电池组等部件组成。发动机仅仅用于发电，发电机所发出的电能供给电动机，电动机驱动汽车行驶。发电机发出的部分电能向电池充电，来延长混合动力电动汽车的行驶里程。另外，电池还可以单独向电动机提供电能来驱动电动汽车，使混合动力电动汽车在零污染状态下行驶。

插电增程式混合动力汽车属于串联式混合动力汽车的一种，如图12-7所示。在常见的混合动力系统中，是以发动机为主，电动机为辅。而增程式电动车是以电动机为主，发动机为辅。发动机的作用是

图12-6　串联式混合动力汽车

发电，为电池充电，带动电动机做功，驱动车辆行驶。插电增程式混合动力汽车可以外接充电，电池充满电之后可以续航一定里程。当电池电量不足时，发动机起动发电，为电池充电。

图 12-7　插电增程式混合动力汽车

2. 并联式混合动力电动汽车

并联式混合动力汽车如图 12-8 所示。主要由发动机、发电机、电动机和动力蓄电池组等部件组成。并联式驱动系统可以单独使用发动机或电动机作为动力源，也可以同时使用电动机和发动机作为动力源来驱动汽车。

图 12-8　并联式混合动力汽车

3. 混联式混合动力电动汽车

混联式混合动力汽车如图 12-9 所示。主要由发动机、发电机、电动机、行星齿轮机构和动力蓄电池组等部件组成。丰田普锐斯所采用的混合驱动方式，将发动机、发电机和电动机通过一个行星齿轮装置连接起来。动力从发动机输出到与其相连的行星架，行星架将一部分转矩传送到发电机，另一部分传送到电动机并输出到驱动轴。此时车辆并不是串联式或者并联式，而是介于串联和并联之间，充分利用两种驱动方式的优点。

图12-9 混联式混合动力汽车

随堂测试

1. 串联式混合动力汽车主要由_____、_____、_____和_____等部件组成。发动机仅仅用于发电，发电机所发出的电能供给电动机，电动机驱动汽车行驶。

2. 插电增程式混合动力汽车属于_____混合动力汽车的一种，在常见的混合动力系统中，是以发动机为主，电动机为辅；而增程式电动车，是以_____为主，_____为辅，发动机的作用是发电，为电池充电，带动电动机做功，驱动车辆行驶。

3. 插电增程式混合动力汽车可以外接_____，电池充满电之后可以续航一定里程。当电池电量不足时，发动机起动_____，为电池充电。

4. 并联式混合动力汽车主要由_____、_____和_____等部件组成。

5. 并联式驱动系统可以单独使用_____作为动力源，也可以同时使用_____作为动力源来驱动汽车。

6. 混联式混合动力汽车主要由_____、_____、_____、_____和动力蓄电池组等部件组成。丰田Prius所采用的混合驱动方式，将发动机、发电机和电动机通过一个行星齿轮装置连接起来。动力从发动机输出到与其相连的行星架，行星架将一部分转矩传送到发电机，另一部分传送到电动机并输出到驱动轴。

任务实施

任 务 工 单

任务名称: 介绍混合动力汽车		
姓名:	班级:	学号:

任务描述	请你就某一型号混合动力汽车绘制其能量传递过程简图,并讲解其工作过程,在学习小组或班级进行交流汇报	
能力目标	1. 能够向客户介绍混合动力汽车的优点及其工作过程; 2. 树立安全与环保意识; 3. 具有与客户沟通交流的能力; 4. 具备信息搜集和处理的能力	
实施准备	1. 教学用混合动力车辆; 2. 教学车辆相关文件; 3. 绝缘手套、绝缘胶垫等安全防护用品; 4. 汇报用纸、笔等	
实施步骤	自主学习	学习相关知识,绘制混合动力汽车能量传递过程简图;做好安全防护,分析混合动力汽车结构与工作过程
	小组讨论	以学习小组形式进行讨论,形成小组汇报成果
	小组汇报	通过角色扮演方式在实际车辆上向客户介绍相关知识;规范做好5S
自我反思	在专业能力、关键能力等方面的收获或体会:	